智能财务分析

——基于Power BI

王秀 刘丽 闫钰炜 主编

清华大学出版社

北京

内 容 简 介

本书对 Power BI 进行了全方位介绍，旨在指导读者如何利用这一强大的商业智能分析工具来进行深入的数据分析和报告。本书从商业智能的基本概念入手，逐步深入 Power BI 的核心功能，包括数据模型构建、DAX 公式运用，以及互动式的看板设计。通过真实企业的案例数据，系统地介绍如何使用 Power BI 分析财务报表、库存数据、销售数据和运营费用数据，帮助读者提升运用数据分析工具的能力，从而做出更加明智的财务决策。

本书案例基于企业的财务数据和业务数据，源于实务，贴近实战，能够帮助读者快速了解 Power BI 工具并进行财务分析。

本书既可作为高等院校财务管理、审计学和会计学专业的教材，也可作为会计从业人员的在职培训教材或自学参考读物，有助于提升读者的财务数据分析和智能化管理的实务技能。

图书在版编目（CIP）数据

智能财务分析：基于 Power BI / 王秀，刘丽，闫钰炜主编 .
北京：清华大学出版社，2025. 4. -- ISBN 978-7-302-68223-3

Ⅰ . F231.2

中国国家版本馆 CIP 数据核字第 2025JC2147 号

责任编辑：刘金喜
封面设计：常雪影
版式设计：恒复文化
责任校对：成凤进
责任印制：刘　菲

出版发行：清华大学出版社
      网　　　址：https://www.tup.com.cn，https://www.wqxuetang.com
      地　　　址：北京清华大学学研大厦A座　　　　邮　　编：100084
      社　总　机：010-83470000　　　　　　　　邮　　购：010-62786544
      投稿与读者服务：010-62776969，c-service@tup.tsinghua.edu.cn
      质 量 反 馈：010-62772015，zhiliang@tup.tsinghua.edu.cn
印 装 者：三河市龙大印装有限公司
经　　销：全国新华书店
开　　本：185mm×260mm　　　印　　张：13.75　　　字　　数：309 千字
版　　次：2025 年 4 月第 1 版　　　印　　次：2025 年 4 月第 1 次印刷
定　　价：58.00 元

产品编号：106031-01

当前，商业智能工具(如Power BI)被广泛运用于财务分析和数据处理领域。这些先进工具与传统的财务管理系统相结合，不仅提供了深入的数据洞察力，还极大提升了数据处理的效率。它们使财务分析流程更加自动化和智能化，不仅加快了数据处理的速度、提高了精度，还使得预测和策略规划变得更加准确。此外，教育领域也适应了这一趋势，越来越多的课程和培训项目开始纳入Power BI及其相关工具的教学内容，反映了市场对掌握这些技能的人才的迫切需求。随着业务需求的日益多样化，我们可以预见未来将出现更多定制化的Power BI解决方案，以适应特定行业或企业的独特需求。

本书对Power BI进行了全方位介绍，旨在指导读者如何利用这一强大的商业智能分析工具进行深入的数据分析和报告。本书从商业智能的基本概念入手，逐步深入Power BI的核心功能，包括数据模型构建、DAX公式运用，以及互动式的看板设计。通过真实企业的案例数据，系统地介绍如何使用Power BI分析财务报表、库存数据、销售数据和运营费用数据，帮助读者提升运用数据分析工具的能力，从而做出更加明智的财务决策。

本书主要特点：第一，提供企业近三年完整的财务报表及库存数据、销售订单数据和运营费用明细数据，便于读者利用这些数据进行完整的财务可视化。第二，与传统财务分析不同，本书更加注重与业务紧密相连，融入业财融合内容，除了财务报表分析和财务效率分析，还加入了库存数据分析、销售数据分析和运营费用数据分析，符合目前财务BP(bussiness partner，业务伙伴)的能力培养需求。第三，Power BI Desktop作为财务分析课程的教学辅助工具，其安装过程简便迅速，更新频率高，具有较强的适应性和应用便利性。扫描下方二维码即可获取教学课件、案例数据和可视化看板等配套资源。

配套资源下载

本书由泰山学院商学院王秀负责总体框架的设计，并编写了第一章～第四章，以及第六章、第七章和第九章；刘丽和闫钰炜负责全书的修改和定稿，并编写了第五章和第八章。此外，马忠美和彭政也参与了本书的编写，并对Power BI可视化看板的制作和分析带来了独特的视角和见解。

在本书编写过程中，我们参阅了大量国内外的文献资料，在此对相关作者表示真诚的感谢！

尽管我们在本书的编写过程中做了很大努力，但由于编者水平和编写时间等方面的限制，书中难免存在疏漏、欠妥之处，敬请各位读者朋友批评指正。

服务邮箱：476371891@qq.com。

编者

2025年1月

目 录

第一章 智能财务分析

第一节 智能财务分析概述

一、智能财务分析简介

在新时代的商业环境中，传统财务方法面临前所未有的挑战，无法有效满足日渐增长的业务资源整合和优化需求，在此背景下，智能财务分析作为一种新兴的解决方案应运而生。

智能财务分析的核心在于运用先进的技术手段，如人工智能、机器学习、大数据分析和自动化工具，来强化对财务数据进行分析的能力，致力于提高财务报告的制作效率、数据的准确性和洞察力，进而为企业的决策制定提供坚实的支撑。智能财务分析深入挖掘大数据平台的潜力，实现了数据的自动采集、处理到深度分析，再到直观的可视化展示的全过程。

在当前的财务管理领域，尽管智能化应用相比于生物、科技等领域的先进水平仍有所差距，但这并不妨碍其在传统财务分析中的重要作用。这里的"智能化"是指相对于传统方法而言的一种显著提升，它使财务分析不仅更快速、准确，还能够提供更深层次的业务支持。

虽然智能财务分析的发展还在初级阶段，但已经标志着财务管理朝着更高效、更智能的方向发展，它为财务专业人员提供了强大的工具，以更好地适应并引领现代商业世界的快速演变。

二、基于Power BI的智能财务分析

传统的工具(如Excel)，已经难以充分挖掘企业数据中蕴含的高价值信息和知识，无法有效地为决策者提供所需的专业支持。为实现财务与业务的深度融合，财务人员不仅需要具备财务专业知识和深入的业务需求理解，还必须掌握必要的IT工具技能。

Power BI作为微软推出的行业领先的商业智能(business intelligence，BI)可视化工具，展现了其强大的潜力。Power BI能够与微软的系列产品无缝整合，并支持多样化的数据源，包括但不限于关系型数据库(如SQL Server)、Azure云上的Blob存储，以及HDInsight Hive等。通过Power BI，企业可以轻松连接众多的数据源，将其清洗转换可以形成数据仓

库，并据此实现对财务和业务数据的挖掘分析，从而有效地支持决策制定过程，推动财务与业务的深度融合，助力企业在变革中稳步前行。

三、基于Power BI的智能财务分析步骤

基于Power BI的智能财务分析是一个结构化的过程，涵盖了"明确分析目标—数据准备—数据清洗和转换—数据建模—创建可视化看板"五个关键步骤，以确保分析的质量和有效性。

(一) 明确分析目标

明确分析目标是基于Power BI进行智能财务分析过程中的首要步骤。在这一阶段，设计者需要明确以下几个关键问题。

(1) 分析的核心目的：明确要解决的主要问题或要达到的主要目标是什么。例如，提高成本效率、优化预算分配、提升收入或强化资产管理等。

(2) 关键绩效指标(KPI)：确定哪些财务指标或业绩指标对于评估企业的财务健康和业务绩效至关重要，这些指标将指导后续的数据收集和分析过程。

(3) 业务目标与财务目标的结合：确保分析目标与企业的总体战略和业务目标相一致。分析目标应支持企业的长期发展方向和短期操作需求。

在这一阶段明确和细化分析目标，可以确保后续的数据准备、清洗和转换、建模和可视化工作都围绕着达成这些目标进行，从而提高整个分析过程的效率和有效性。

(二) 数据准备

数据准备涉及收集、整理和标准化所有相关财务数据，以确保后续分析的准确性和有效性。在数据准备阶段，主要从以下几个方面收集数据。

(1) 财务报表数据：包括但不限于利润表、资产负债表和现金流量表等，这些是分析企业财务状况的基础。

(2) 预算数据：收集企业的预算数据，用于与实际数据进行对比，评估预算的准确性和实现情况。

(3) 交易明细数据：包括销售、采购、支出等所有财务交易记录，这些数据提供了财务流动的详细视图。

(4) 成本数据：收集与生产、运营、项目和其他相关成本相关的数据，用于进行成本分析和控制。

(5) 业务运营数据：包括销售数据、客户数据、供应链数据等，以帮助理解财务数字背后的业务活动。

(6) 历史数据存档：过去期间的财务数据，用于进行趋势分析和历史对比。

(三) 数据清洗和转换

这一阶段的目标是改善数据的质量，使其适合进行高效和准确的分析。

(1) 去除重复数据：检查并删除重复记录，避免在分析中造成误导。

(2) 处理缺失值：识别缺失的数据，并决定如何处理它们，可以填补、删除或保留。

(3) 纠正错误和异常值：检测并纠正数据集中的错误和异常值，如不符合逻辑的数值或格式错误。

(4) 数据格式标准化：统一不同数据源的日期格式、货币单位、分类名称等，确保数据格式的一致性。

(5) 创建衍生变量：根据业务需求和分析目标，创建新的变量或指标，如计算财务比率、累计总计等。

(6) 数据分类和分组：对数据进行分类和分组，便于后续的分析和聚类，如按地区、产品类别等进行分组。

(7) 数据集成：将不同来源的数据合并到一个统一的数据集中，便于进行综合分析。

完成这些步骤后，数据将变得更加清晰和一致，为在Power BI中进行有效的数据建模和分析打下坚实基础。

(四) 数据建模

数据建模是创建用于分析和可视化的数据模型的过程。这个过程包括定义不同数据源和数据表之间的关系、组织数据以便于分析，以及建立计算字段和度量值。数据建模是Power BI中一项关键的功能，它使用户能够从原始数据中提取有意义的信息，并以易于理解的方式呈现。

数据建模的核心要素包括以下几点。

(1) 数据关系：定义数据之间的关系是数据建模的核心部分。这涉及将不同来源的数据连接起来。例如，将销售数据与库存数据通过共同字段(如产品ID)进行连接。

(2) 表和字段：在数据模型中，数据被组织成表和字段。表代表不同的数据集(如客户信息、产品目录、销售记录)，而字段则是表中的列，代表数据的具体属性(如客户姓名、产品价格)。

(3) 计算列和度量值：数据建模允许在模型内部创建计算列和度量值。计算列是基于表中现有数据计算得到的新列，而度量值(或聚合)则是基于整个数据模型的动态计算，如总销售额、平均成本等。

(五) 创建可视化看板

Power BI的可视化看板是一种动态、交互式的报告界面，用于展示和分析数据。看板通过直观的图表、表格和指标将数据转换为易于理解的视觉形式，帮助用户快速获取信息、洞察和发现趋势，从而做出更加明智的决策。对于需要处理大量数据、进行复杂分析或创建动态交互式报告的场景，相比于传统的Excel，Power BI是一个更加强大和合适的工具。

第二节　智能财务分析设计思路

一、设计思路

　　智能财务分析的关键在于突破传统财务报告的局限，深入挖掘和细化财务数据，从而为业务提供精确的洞察和反馈。在这一过程中，财务人员面临的挑战是如何从财务角度深入理解业务，并将得出的财务分析结论有效地反馈给业务部门，以支持其经营决策。基于 Power BI 的智能财务分析设计思路应当包括财报概览(包括资产负债表分析、利润表分析、现金流量表分析、财务效率分析)、库存分析(包括库存趋势分析、库存结构分析、库龄分析)、销售分析(包括整体概况分析、产品分析、预算执行分析)、运营费用分析(包括费用概况分析、费用趋势分析、预算执行分析)、毛利率分析(包括毛利概况分析、毛利率趋势分析、产品解构分析、区域渠道分析)五个方面，从而将财务数据转换为实际的业务决策工具，增强企业的数据驱动决策能力。智能财务分析框架如图1-1所示。

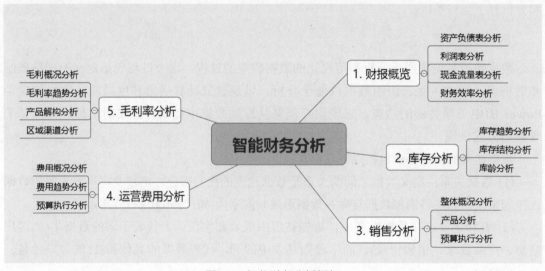

图 1-1　智能财务分析框架

二、分析内容

(一) 财报概览

　　在资产负债表分析中，关注水平和垂直分析，深入研究资产、负债和资本结构，以及主要的报表项目，有助于为企业管理者和投资者提供全面的财务状况洞察。针对利润表，分析利润变化趋势和利润结构，全面评估企业的盈利能力，并指导长期战略规划。在现金流量表分析方面，关注现金流量变化、现金流量结构和现金净额趋势，深入了解企业的流动性、偿债能力和财务灵活性。综合这些分析，关注盈利能力、偿债能力、营运能力和发展能力等关键指标，帮助企业评估资源和资产的使用效率，从而在市场中保持竞争优势。

(二) 库存分析

库存管理对于企业来说至关重要，它不仅能满足客户需求，避免生产和采购中断，还能提高供应链效率，降低库存成本，同时提升库存的盈利能力，并有效降低相关风险。库存趋势分析目的在于深入探究库存的周转效率、识别哪些月份表现出色，以及分析库存变化的整体趋势。在进行库存结构分析时，根据存货价值将其分为高价值、中价值和低价值存货。库龄分析的核心在于评估不同产品类别的年度库存金额，以及不同价值产品的金额和数量结构，帮助企业更准确地掌握库存状况，优化存货管理策略，确保资源的有效利用，同时提高企业的整体运营效率和盈利能力。

(三) 销售分析

销售分析的核心目的是深入理解和优化企业的营收情况。通过销售分析，企业可以有效地识别增长机会、优化营销策略，进一步提升盈利能力。销售数据分析主要从三个维度进行：整体概况分析、产品分析和预算执行分析。采用帕累托法则将产品按照销售收入的贡献程度分为三个不同的类别，分析不同类别的累计收入占比和销售趋势，可以更好地理解各产品类别对营收的影响，从而做出更精准的市场和产品策略调整。在预算执行分析方面，一是对比每月的销售收入与预定的预算目标，分析其差异；二是汇总年度累计销售收入与预算目标的实际完成情况，通过分析，企业能细致地管理和监控销售预算，确保销售目标的实现，使其与整体财务策略保持一致。企业进行全面而深入的销售分析，能够更有效地驱动销售绩效，促进长期的财务健康和成长。

(四) 运营费用分析

在进行运营费用分析时，从费用概况分析、费用趋势分析和预算执行分析三个维度展开。首先，通过评估运营费用占收入的比重及其构成，确定费用是否保持在合理水平并识别优化机会。其次，在费用趋势分析中，比较总费用的年度变化，深入分析各类二级费用科目(如人工费用、日常运营费用、市场运营费用等)和具体的三级明细科目(如办公费、差旅费等)的趋势。最后，在预算执行分析中，重点对比实际运营费用与预算费用的偏差，评估费用占营收比例的超预算情况。

(五) 毛利率分析

毛利率是企业销售收入扣除成本后的剩余部分，反映了企业的盈利能力。较高的毛利率意味着企业在定价、生产效率或成本控制方面表现良好。通过分析毛利率，企业可以评估其核心业务的盈利情况，从而进行调整。在进行毛利率分析时，从毛利概况分析、毛利率趋势分析、产品解构分析和区域渠道分析四个维度展开。毛利概况分析从总体上评估企业在某一特定时期的毛利率表现，主要涵盖整个企业的总毛利情况，为企业高层绘制总体盈利图景。毛利率趋势分析是对毛利率在时间维度上的变化进行追踪与评估，揭示毛利率的上升或下降趋势，帮助企业理解不同阶段的盈利表现及其背后的原因。产品解构分析将毛利率按产品进行分解，评估各个产品的盈利表现，帮助企业理解哪些产品是利润的主要贡献者，哪些产品需要改进或淘汰。区域渠道分析通过对不同销售区域及渠道的毛利率进行评估，帮助企业理解区域市场的表现差异，以及不同销售渠道的成本与收益关系。综合这四个分析维度，企业可以从全局到局部逐步深入理解毛利率的不同驱动因素。

第二章 Power BI 概述

第一节 Power BI简介与应用步骤

一、Power BI简介

Power BI 是由微软开发的一款商业智能工具，旨在提供强大且易于使用的数据分析和可视化功能。Power BI不仅可以连接多种数据源，如 Excel、SQL Server、云服务等，还可以整合不同来源的数据，允许用户创建数据模型，定义数据之间的关系，进行数据清洗和转换。另外，Power BI还允许用户使用多种图表、地图和仪表板来可视化数据，并进行深入分析。本书主要基于Power BI Desktop进行财务分析。Power BI Desktop是Power BI生态系统中的核心应用，具备强大的数据处理和可视化功能，非常适合学习和实施智能财务分析。

(一) Power BI Desktop安装步骤

用户可以通过Microsoft Power BI官方网站或 Microsoft Store直接下载Power BI Desktop，通过Microsoft Store下载的Power BI Desktop将自动保持更新。如果用户的计算机系统是Windows 10或更高版本，则可以直接从 Microsoft Store 安装。本书推荐从Microsoft Store直接下载。

Power BI Desktop的安装步骤如下：打开计算机的"开始"菜单，选择或搜索"Microsoft Store"应用，在搜索栏中输入"Power BI Desktop"，按Enter键搜索，在应用详情页面中单击"获取"或"安装"按钮，即可开始下载或安装。

(二) Power BI Desktop界面介绍

Power BI Desktop的界面主要分为7个区域，如图2-1所示。

(1) 功能区：主要包含"文件""主页""插入""建模""视图""优化"和"帮助"模块，每个模块下面有一组相关的工具和选项，用于进行数据处理和可视化设计等。

(2) 视图区：分别是"报表视图""表格视图"和"模型视图"。"报表视图"用于创建和排列可视化元素；"表格视图"用于查看和编辑数据表；"模型视图"用于定义表之间的关系。

(3) 画布区：位于"报表视图"的中间，是创建和排列报告元素的区域。

(4) 筛选器窗格：针对报告或可视化元素的筛选选项。

(5) 可视化窗格：提供可视化类型，如柱状图、卡片图、切片器等。

(6) 字段窗格：显示数据模型中的所有表、度量值和字段，可以直接用鼠标将相关字段或度量值拖动到可视化元素中。

(7) 页面标签：用于选择或添加报表页。

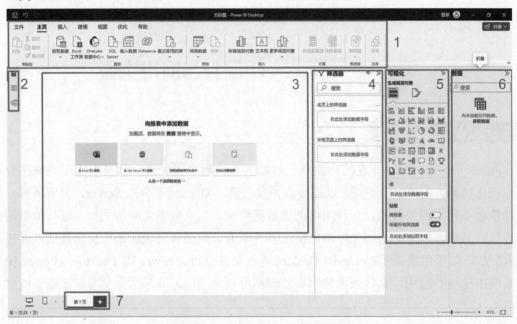

图 2-1 Power BI Desktop 的界面

二、Power BI的应用步骤

使用Power BI实现数据获取到报告共享，大约要经过数据准备、数据清洗和转换、数据建模和可视化看板设计四个阶段。

(一) 数据准备

Power BI可以连接多种类型的数据源，以Excel数据为例，执行"主页"|"获取数据"|"Excel工作簿"命令，即可连接Excel数据，如图2-2所示。

Power BI不仅可以连接单个表格数据，还可以从文件夹获取数据，执行"主页"|"获取数据"|"更多"命令，进入获取数据页面，执行"文件"|"文件夹"|"连接"命令，浏览文件夹路径即可导入文件夹中的所有报表，如图2-3所示。需要注意的是，通过文件夹导入数据，确保所有文件具有相同的格式和结构，且文件命名一致、具有描述性，有助于在以后的处理中识别和管理数据。

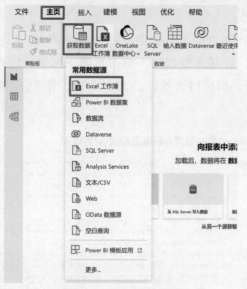

图 2-2 连接 Excel 数据

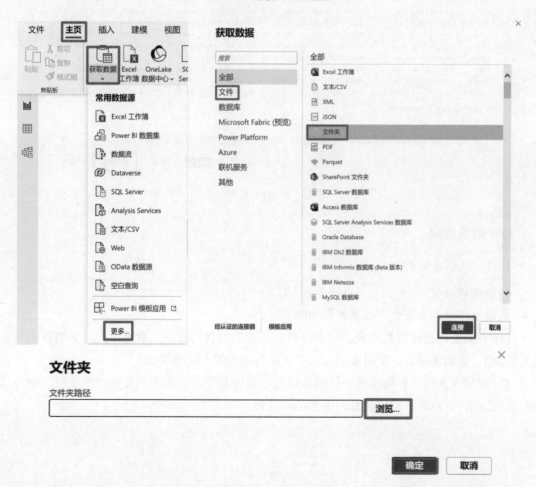

图 2-3 从文件夹中获取数据

(二) 数据清洗和转换

使用Power BI的查询编辑器可对数据进行清洗和转换，如删除不需要的列、更改数据类型、处理缺失值等。在导入数据时，单击页面下方的“转换数据”按钮(见图2-4)，进入Power Query编辑器，即可清洗数据。在本章第二节将会对数据清洗和转换进行详细阐述。

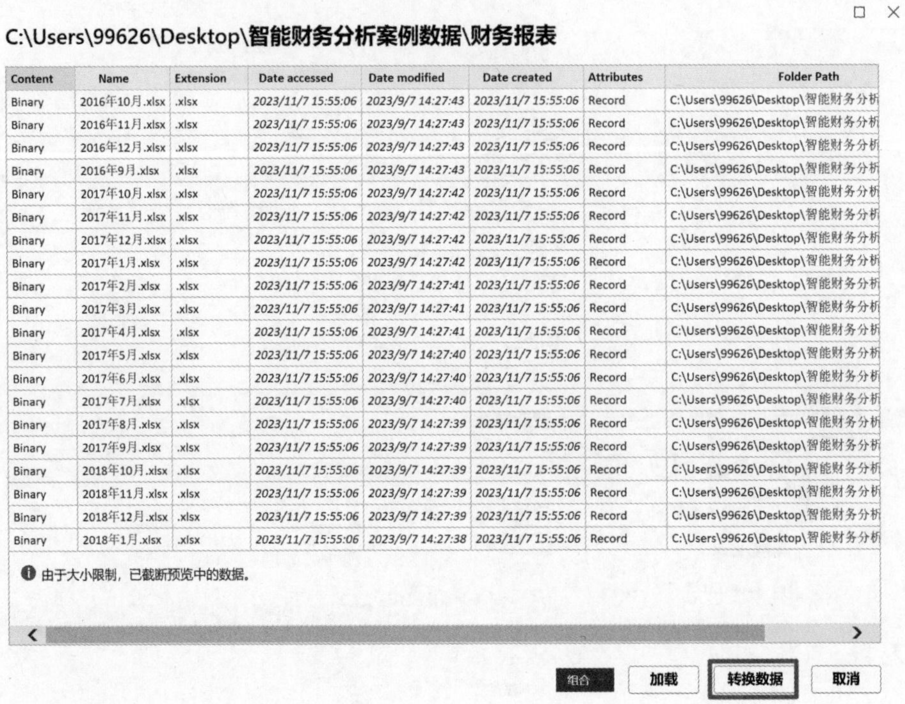
C:\Users\99626\Desktop\智能财务分析案例数据\财务报表

Content	Name	Extension	Date accessed	Date modified	Date created	Attributes	Folder Path
Binary	2016年10月.xlsx	.xlsx	2023/11/7 15:55:06	2023/9/7 14:27:43	2023/11/7 15:55:06	Record	C:\Users\99626\Desktop\智能财务分析
Binary	2016年11月.xlsx	.xlsx	2023/11/7 15:55:06	2023/9/7 14:27:43	2023/11/7 15:55:06	Record	C:\Users\99626\Desktop\智能财务分析
Binary	2016年12月.xlsx	.xlsx	2023/11/7 15:55:06	2023/9/7 14:27:43	2023/11/7 15:55:06	Record	C:\Users\99626\Desktop\智能财务分析
Binary	2016年9月.xlsx	.xlsx	2023/11/7 15:55:06	2023/9/7 14:27:43	2023/11/7 15:55:06	Record	C:\Users\99626\Desktop\智能财务分析
Binary	2017年10月.xlsx	.xlsx	2023/11/7 15:55:06	2023/9/7 14:27:42	2023/11/7 15:55:06	Record	C:\Users\99626\Desktop\智能财务分析
Binary	2017年11月.xlsx	.xlsx	2023/11/7 15:55:06	2023/9/7 14:27:42	2023/11/7 15:55:06	Record	C:\Users\99626\Desktop\智能财务分析
Binary	2017年12月.xlsx	.xlsx	2023/11/7 15:55:06	2023/9/7 14:27:42	2023/11/7 15:55:06	Record	C:\Users\99626\Desktop\智能财务分析
Binary	2017年1月.xlsx	.xlsx	2023/11/7 15:55:06	2023/9/7 14:27:42	2023/11/7 15:55:06	Record	C:\Users\99626\Desktop\智能财务分析
Binary	2017年2月.xlsx	.xlsx	2023/11/7 15:55:06	2023/9/7 14:27:41	2023/11/7 15:55:06	Record	C:\Users\99626\Desktop\智能财务分析
Binary	2017年3月.xlsx	.xlsx	2023/11/7 15:55:06	2023/9/7 14:27:41	2023/11/7 15:55:06	Record	C:\Users\99626\Desktop\智能财务分析
Binary	2017年4月.xlsx	.xlsx	2023/11/7 15:55:06	2023/9/7 14:27:41	2023/11/7 15:55:06	Record	C:\Users\99626\Desktop\智能财务分析
Binary	2017年5月.xlsx	.xlsx	2023/11/7 15:55:06	2023/9/7 14:27:40	2023/11/7 15:55:06	Record	C:\Users\99626\Desktop\智能财务分析
Binary	2017年6月.xlsx	.xlsx	2023/11/7 15:55:06	2023/9/7 14:27:40	2023/11/7 15:55:06	Record	C:\Users\99626\Desktop\智能财务分析
Binary	2017年7月.xlsx	.xlsx	2023/11/7 15:55:06	2023/9/7 14:27:40	2023/11/7 15:55:06	Record	C:\Users\99626\Desktop\智能财务分析
Binary	2017年8月.xlsx	.xlsx	2023/11/7 15:55:06	2023/9/7 14:27:39	2023/11/7 15:55:06	Record	C:\Users\99626\Desktop\智能财务分析
Binary	2017年9月.xlsx	.xlsx	2023/11/7 15:55:06	2023/9/7 14:27:39	2023/11/7 15:55:06	Record	C:\Users\99626\Desktop\智能财务分析
Binary	2018年10月.xlsx	.xlsx	2023/11/7 15:55:06	2023/9/7 14:27:39	2023/11/7 15:55:06	Record	C:\Users\99626\Desktop\智能财务分析
Binary	2018年11月.xlsx	.xlsx	2023/11/7 15:55:06	2023/9/7 14:27:39	2023/11/7 15:55:06	Record	C:\Users\99626\Desktop\智能财务分析
Binary	2018年12月.xlsx	.xlsx	2023/11/7 15:55:06	2023/9/7 14:27:39	2023/11/7 15:55:06	Record	C:\Users\99626\Desktop\智能财务分析
Binary	2018年1月.xlsx	.xlsx	2023/11/7 15:55:06	2023/9/7 14:27:38	2023/11/7 15:55:06	Record	C:\Users\99626\Desktop\智能财务分析

由于大小限制，已截断预览中的数据。

组合 加载 转换数据 取消

图 2-4　转换数据

(三) 数据建模

1. 建立数据表关系

1) 数据表分类

数据表可分为事实表、维度表和辅助表三类。

(1) 事实表：也称为数据表，用于存储企业发生的真实业务，数据量大，如销售明细表(见图2-5)、采购明细表、费用明细表、三大财务报表等都是事实表。

(2) 维度表：用于存储事实表的属性信息，数据量小，且为不重复的唯一字段，如产品表(见图2-6)、客户表、门店信息表等都是维度表。

订单ID	订单时间	客户ID	产品ID	城市ID	渠道	原单价	折扣	销售单价	数量	销售价格	是否会员
100000001	2019/9/24	999	19	4	线下代理	800	1	800	5	4000	非会员
100000002	2019/9/24	999	10	5	线下代理	400	1	400	4	1600	非会员
100000003	2019/9/24	100001	19	1	线上自营	800	1	800	1	800	会员
100000004	2019/9/24	100002	9	2	线下代理	60	1	60	5	300	会员
100000005	2019/9/24	999	15	5	线上自营	800	0.85	680	5	3400	非会员
100000006	2019/9/24	100003	6	3	线上自营	600	0.95	570	4	2280	会员
100000007	2019/9/24	999	5	3	线下代理	300	0.8	240	4	960	非会员
100000008	2019/9/24	100004	21	1	线下代理	300	0.95	285	4	1140	会员
100000009	2019/9/24	999	5	3	线上自营	300	0.95	285	2	570	非会员
100000010	2019/9/24	100005	20	3	线上自营	600	1	600	4	2400	会员
100000011	2019/9/24	999	19	5	线上自营	800	1	800	1	800	非会员
100000012	2019/9/24	999	17	5	线上代理	600	0.85	510	5	2550	非会员
100000013	2019/9/24	100006	21	4	线上自营	300	0.95	285	5	1425	会员
100000014	2019/9/24	999	2	3	线上自营	300	1	300	4	1200	非会员
100000015	2019/9/25	100007	7	4	线上代理	350	1	350	1	350	会员

图 2-5 事实表：销售明细表

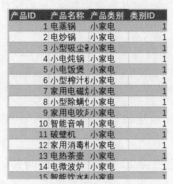

图 2-6 维度表：产品表

(3) 辅助表：与事实表和维度表能够发生关联的参数表，如日期表和货币单位表。业务原始数据的货币单位默认为元，而Power BI 为了方便进行数据分析，提供了千元、百万元、十亿元等单位来显示数字，但依然不符合国内以"万元"为单位进行数据分析的习惯。因此，可以创建辅助表"货币单位表"，由于货币单位表数据量小，因此可以直接执行"主页" | "输入数据"命令进行创建，在表中输入单位和倍率即可，如图2-7所示。

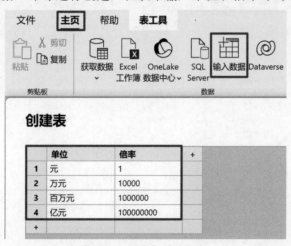

图 2-7 创建货币单位表

2) 关系分类

在Power BI中，数据模型中的不同表可以通过关系连接起来，在进行数据分析时可以通过这些关系跨表查看和汇总信息。Power BI中的关系分类可归纳为以下几种。

(1) 一对一(1:1)：一个表中的每一行数据在另一个表中只能找到一行对应数据。这种关系不太常见。例如，员工个人信息表和员工3月份工资信息表，每个员工只有一条个人信息记录和一条工资信息记录。

(2) 一对多(1:N)：是最常见的关系类型，其中一个表的一行数据对应另一个表中的多行数据。例如，客户表中的一名客户对应销售明细表中的多个订单。

(3) 多对一(N:1)：是一对多关系的反向，其中一个表的多行数据对应另一个表中的一行数据。例如，销售明细表中的多个订单与客户表中的一名客户对应。

(4) 多对多(N:N)：在这种关系中，一个表的多行数据可以与另一个表的多行数据相关联。例如，"学生表"和"课程表"两个数据集，一名学生可以注册多门课程，而一门课程也可以由多名学生注册。这样的数据关系无法直接通过一对多或多对一的关系来表达。

(5) 无关系：有时候表之间没有直接的关系。在这种情况下，就无法通过关系跨表查看和汇总信息，需要通过其他方式(如DAX函数)来整合不同表中的数据。

3) 关系构建

在不同的数据表之间建立关系是数据建模的核心，可以使用"模型视图"在表之间创建一对一、一对多或多对多的关系。

创建关系的方式有自动创建关系和手动创建关系两种。Power BI可基于表之间的关联逻辑自动创建关系，但不建议使用自动方式创建关系，因为有时自动识别的关系不正确，也不利于用户理解数据之间的逻辑关系。推荐手动创建关系，操作步骤如下。

(1) 删除自动创建的关系。选择"模型视图"，单击自动创建的关系线，右击选择"删除"，即可删除自动创建的关系，如图2-8所示。

图 2-8　删除自动创建的关系

(2) 以拖动的方式创建关系。在"模型视图"中，先拖动一个表的字段到另一个表的相关字段上，再执行"主页"｜"管理关系"命令来编辑关系的属性，如图2-9所示。基数可以选择一对一、多对一、多对多；交叉筛选器方向可以选择单一或两个。

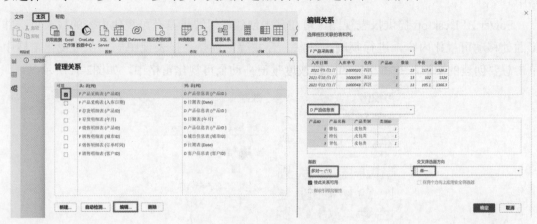

图 2-9　创建关系

2. 创建计算列和度量值

计算列不是通过加载数据得到的，而是通过DAX公式创建的，可以执行"表工具"｜"新建列"命令来完成，如图2-10所示。其类似于在Excel中创建的列。

图 2-10　新建列

计算列始终存在于表中，其是用DAX公式创建的真实的物理列。计算列计算时占用的是模型的加载时间而不是查询时间，始终占用一定量的内存(RAM)。因此，在写DAX公式时，最优的方案是减少计算列的使用，此时的替代方案是使用度量值。

度量值不属于任何表，可以单独存在，能够对表中的多列进行聚合运算。执行"主页"｜"新建度量值"命令或"表工具"｜"新建度量值"命令都可以创建度量值，如图2-11所示。本书主要采用创建度量值的方式进行数据运算。

图 2-11　创建度量值

(四) 可视化看板设计

数据建模及度量值设定完毕后，可以将数据字段或度量值从字段窗格拖动到可视化窗格中。

Power BI Desktop 提供报表视图，可在其中创建任何数量具有可视化内容的报表页，并可四处移动可视化内容，进行复制、粘贴、合并等。选择"报表视图"，在可视化窗格中单击想要创建的图形，并将相应的字段或度量值拖动至可视化窗格中，如图2-12所示。

图 2-12　可视化窗格

第二节　数据处理实战

本节以"财务报表"数据为例，详细解读数据的清洗和转换过程。本案例的数据源于兰迪商贸有限责任公司2019年9月至2023年1月的月度财务报表，共涉及41个Excel表，每个Excel表中均包含3个Sheet表，分别是资产负债表、利润表和现金流量表。

(1) 通过文件夹导入2019年9月至2023年1月的全部财务报表。

(2) 单击"转换数据"按钮(见图2-13)，进入Power Query编辑器清洗数据。

(3) 自定义列。将所有Excel表中的Sheet表全部合并在一起。执行"添加列"|"自定义列"命令，在自定义列公式处输入代码"=Excel.Workbook([Content])"，单击"确定"按钮，如图2-14所示。

图 2-13　转换数据

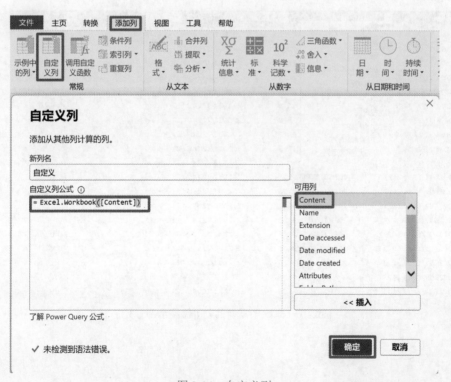

图 2-14　自定义列

(4) 展开所有列。单击自定义列右侧的 按钮，选择"展开"单选按钮，再单击"确定"按钮，如图2-15所示。

图 2-15　展开所有列

(5) 删除列。删除不需要的列：Content、Extention、Date accessed、Date modified、Date created、Attributes和Folder Path，如图2-16所示。删除最后三个自定义列，如图2-17所示。选择需要删除的列，右击选择"删除列"即可。

图 2-16　删除不需要的列(仅展示部分列)

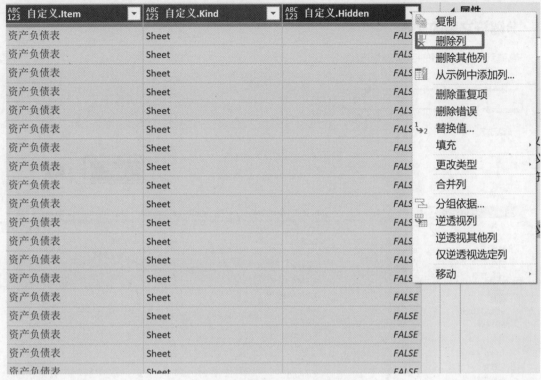

图 2-17　删除最后三个自定义列

(6) 提取名称。选中"Name"列，执行"转换"|"提取"|"分隔符之前的文本"命令，输入分隔符"."，单击"确定"按钮，即可去掉名称后的".xlsx"，单击"Name"列，右击选择"日期"，即可把"Name"列更改为日期类型。具体操作如图2-18所示。

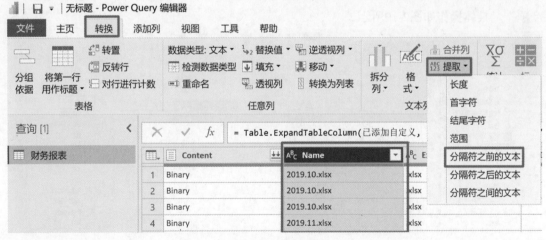

图 2-18　提取名称

分隔符之前的文本

输入标记要提取内容的结尾的分隔符。

分隔符

.

> 高级选项

确定　取消

	Name	自定义.Name	自定义.Data.Column1	自定义.Data.Column2	自定义.Data.Column3	自
1	1.2 小数	资产负债表	资产负债表	null	null	
2	$ 定点小数	资产负债表	编制单位:	null	日期:	
3	1²3 整数	资产负债表	资　产	行次	期末余额	年初
4	% 百分比	资产负债表	流动资产:	1	0	
5	日期/时间	资产负债表	货币资金	2	8700681.314	
6	日期	资产负债表	交易性金融资产	3	0	
7	时间	资产负债表	应收票据	4	0	
8	日期/时间/时区	资产负债表	应收账款	5	36595	
9	持续时间	资产负债表	预付款项	6	0	
10	A^B_C 文本	资产负债表	应收利息	7	0	
11	✗⁄✓ True/False	资产负债表	应收股利	8	0	
12	二进制	资产负债表	其他应收款	9	69002.31	
13	使用区域设置... 2016年10月	资产负债表	存货	10	192654	
14	2016年10月	资产负债表	一年内到期的非流动资产	11	0	

图 2-18(续)

(7) 资产负债表的清洗。单击"财务报表"，右击选择"引用"，即可把表引用至 Power BI中，单击"财务报表"，右击选择"重命名"，将"财务报表"的名称改为"资产项"。具体操作如图2-19所示。

图 2-19　资产负债表的清洗

(8) 筛选去掉利润表和现金流量表，保留资产负债表。选择"自定义.Name"列，右击选择"搜索"，勾选"资产负债表"复选框，单击"确定"按钮，如图2-20所示。

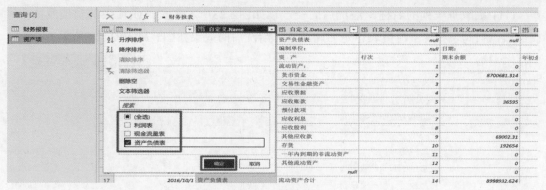

图 2-20　筛选表

(9) 删除资产负债表中的年初余额、负债和所有者权益三列。选择相应的列，右击选择"删除列"，如图2-21所示。

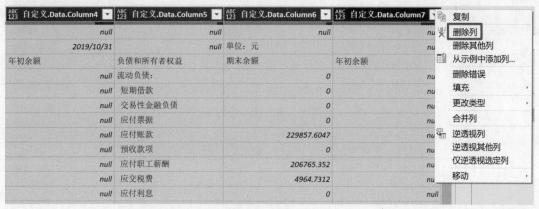

图 2-21　删除列

(10) 筛选去掉金额为"0"和"null"的项。右击选择"自定义"，取消勾选"(null)"和"0"复选框，如图2-22所示。

图 2-22　筛选数据

(11) 更改每一列的名称。清洗后的资产项如图2-23所示。资产负债表的负债及所有者权益项、利润表和现金流量表也是如此清洗，清洗后的效果如图2-24和图2-25所示。

	日期	报表名称	项目名称	1.2 金额
1	2019/1/1	资产负债表	货币资金	8700681.314
2	2019/1/1	资产负债表	应收账款	36595
3	2019/1/1	资产负债表	其他应收款	69002.31
4	2019/1/1	资产负债表	存货	192654
5	2019/1/1	资产负债表	流动资产合计	8998932.624
6	2019/1/1	资产负债表	固定资产	130000
7	2019/1/1	资产负债表	无形资产	40001
8	2019/1/1	资产负债表	长期待摊费用	400001
9	2019/1/1	资产负债表	递延所得税资产	235075.2169
10	2019/1/1	资产负债表	非流动资产合计	805077.2169
11	2019/1/1	资产负债表	资产总计	9804009.841
12	2019/1/1	资产负债表	货币资金	8173724.962
13	2019/1/1	资产负债表	应收账款	34476
14	2019/1/1	资产负债表	其他应收款	86590.1374
15	2019/1/1	资产负债表	存货	238369
16	2019/1/1	资产负债表	流动资产合计	8533160.1
17	2019/1/1	资产负债表	固定资产	195000

图 2-23　清洗后的资产项

	日期	报表名称	项目名称	1.2 金额
1	2019/1/1	资产负债表	应付账款	229857.6047
2	2019/1/1	资产负债表	应付职工薪酬	206765.352
3	2019/1/1	资产负债表	应交税费	4964.7312
4	2019/1/1	资产负债表	其他应付款	67647.80402
5	2019/1/1	资产负债表	流动负债合计	509235.4919
6	2019/1/1	资产负债表	负债合计	509235.4919
7	2019/1/1	资产负债表	实收资本（或股本）	10000000
8	2019/1/1	资产负债表	未分配利润	-705225.6506
9	2019/1/1	资产负债表	所有者权益合计	9294774.349
10	2019/1/1	资产负债表	负债和所有者权益总计	9804009.841
11	2019/1/1	资产负债表	应付账款	377983.6837
12	2019/1/1	资产负债表	应付职工薪酬	312757.3208
13	2019/1/1	资产负债表	应交税费	4964.7312
14	2019/1/1	资产负债表	其他应付款	121026.2601
15	2019/1/1	资产负债表	流动负债合计	816731.9957
16	2019/1/1	资产负债表	负债合计	816731.9957
17	2019/1/1	资产负债表	实收资本（或股本）	10000000
18	2019/1/1	资产负债表	未分配利润	-1071424.422
19	2019/1/1	资产负债表	所有者权益合计	8928575.578
20	2019/1/1	资产负债表	负债和所有者权益总计	9745307.574
21	2019/1/1	资产负债表	应付账款	605040.8601
22	2019/1/1	资产负债表	应付职工薪酬	418780.1976

图 2-24　清洗后的负债及所有者权益项

	日期	ABC 123 报表名称	ABC 123 项目名称	1.2 金额
1	2019/1/1	利润表	一、营业收入	462596.5
2	2019/1/1	利润表	二、营业总成本	919397.0175
3	2019/1/1	利润表	其中：营业成本	243851.26
4	2019/1/1	利润表	税金及附加	5551.158
5	2019/1/1	利润表	销售费用	229527.02
6	2019/1/1	利润表	管理费用	435795.79
7	2019/1/1	利润表	财务费用（收益以"一"...	1387.7895
8	2019/1/1	利润表	资产减值损失	3284
9	2019/1/1	利润表	三、营业利润	-456800.5175
10	2019/1/1	利润表	加：营业外收入	4741
11	2019/1/1	利润表	减：营业外支出	2498
12	2019/1/1	利润表	四、利润总额	-454557.5175
13	2019/1/1	利润表	减：所得税费用	-113639.3794
14	2019/1/1	利润表	五、净利润	-340918.1381
15	2019/1/1	现金流量表	销售商品、提供劳务收到的...	493359.045
16	2019/1/1	现金流量表	收到其他与经营活动有关的...	60095.23602
17	2019/1/1	现金流量表	经营活动现金流入小计	553454.281
18	2019/1/1	现金流量表	购买商品、接受劳务支付的...	246953.9363
19	2019/1/1	现金流量表	支付给职工以及为职工支付...	421235.088
20	2019/1/1	现金流量表	支付的各项税费	5551.158
21	2019/1/1	现金流量表	支付其他与经营活动有关的...	3885.7895
22	2019/1/1	现金流量表	经营活动现金流出小计	677625.9718

图 2-25　清洗后的利润表和现金流量表

(12) 将刚刚清洗过的"资产项""负债及所有者权益项""利润及现金流量"三个表追加为一张表。执行"主页"|"追加查询"|"将查询追加为新查询"命令，将"资产项""负债及所有者权益项""利润及现金流量"三个表添加到"要追加的表"，单击"确定"按钮，如图2-26所示。最后将追加的表重命名为"财务报表汇总"。

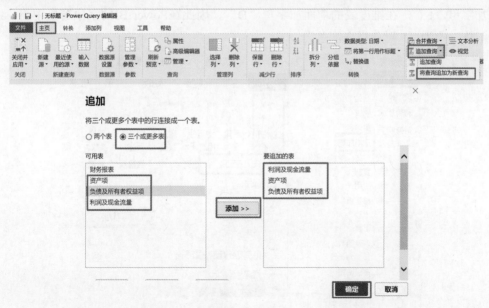

图 2-26　追加表

(13) 修整数据。删除"项目名称"列中的空格。右击"项目名称"列，执行"转换"|"修整"命令去掉空格，执行"转换"|"清除"命令，去掉多余的空字符串，如图2-27所示。

	日期	報 报表名称	項目名称	1.2 金额
1	2019/1/1	利润表	一、营业收	462596.5
2	2019/1/1	利润表	二、营业总	919397.0175
3	2019/1/1	利润表	其中：营	243851.26
4	2019/1/1	利润表	税金	5551.158
5	2019/1/1	利润表	销售费	229527.02
6	2019/1/1	利润表	管理	435795.79
7	2019/1/1	利润表	财务	1387.7895
8	2019/1/1	利润表	资产减	
9	2019/1/1	利润表	三、营业利	
10	2019/1/1	利润表	加：营业	
11	2019/1/1	利润表	减：营业	
12	2019/1/1	利润表	四、利润总	
13	2019/1/1	利润表	减：所得	
14	2019/1/1	利润表	五、净利	
15	2019/1/1	现金流量表	销售商品	493359.045
16	2019/1/1	现金流量表	收到其他	60095.23602
17	2019/1/1	现金流量表	经营活	553454.281
18	2019/1/1	现金流量表	购买商品	246953.9363
19	2019/1/1	现金流量表	支付给职	421235.088
20	2019/1/1	现金流量表	支付的各	5551.158

右键菜单：复制、删除、删除其他列、重复列、从示例中添加列…、删除重复项、删除错误、更改类型、转换、替换值…、替换错误、拆分列、分组依据、填充、逆透视列、逆透视其他列、仅逆透视选定列、重命名…、移动、深化、作为新查询添加

转换子菜单：小写、大写、每个字词首字母大写、修整、清除、长度、JSON、XML

图 2-27 修整数据

(14) 将"财务报表汇总"加载到Power BI中，将"财务报表""资产项""负债及所有者权益项""利润及现金流量"取消加载。分别单击"财务报表""资产项""负债及所有者权益项""利润及现金流量"，并取消勾选"启用加载"复选框，单击"关闭并应用"，即可将清洗完的"财务报表汇总"加载到Power BI中，如图2-28所示。

在Power BI中，为了区分事实表(fact table)和维度表(dimension table)，统一在事实表的前面加字母"F"，在维度表的前面加字母"D"，因此在Power BI的字段窗格中将"财务报表汇总"改为"F 财务报表汇总"。

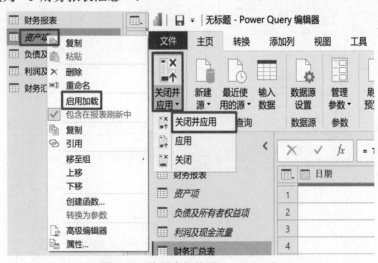

图 2-28 将报表加载到 Power BI 中

第三章 DAX 函数

第一节 DAX函数简介

一、DAX函数的定义及学习步骤

DAX(data analysis expressions)是在Power BI、SQL Server Analysis Services 和 Power Pivot in Excel中使用的公式语言。理解DAX函数对于在Power BI中进行有效的数据分析和报告创建至关重要。随后将通过以下步骤来学习DAX函数。

(1) 学习基础语法：学习基本的DAX语法，了解如何编写公式和表达式。

(2) 了解常用函数：熟悉一些比较常用的DAX函数，如关系导航函数、筛选上下文函数、迭代器函数、时间智能函数等。

(3) 实践：通过实际的数据集和例子练习应用DAX函数，理解其在不同场景下的运用。

二、DAX函数实战挑战

掌握DAX函数最快的方式就是创建一些基本公式来处理实际业务数据，接下来一起创建一个DAX函数。创建DAX函数前，需要进行数据准备、数据清洗和转换，以及关系创建。接下来，以销售订单表中的本期销售收入和上一年度同期的销售收入的计算为例，演示操作过程。

(一) 数据准备

本案例会用到"销售订单表"和"日期表"两个表，其中，"销售订单表"是事实表，"日期表"是维度表。执行"主页"|"获取数据"命令连接这两个表。

(二) 数据清洗和转换

选择"销售订单表"，单击"转换数据"按钮，即可进入Power Query编辑器，查看数据中有无错误数据、0数据及null数据。如果数据完整无误，在右侧属性处更改表格名称，执行"主页"|"关闭并应用"命令即可将"销售订单表"导入Power BI中，如图3-1所示。

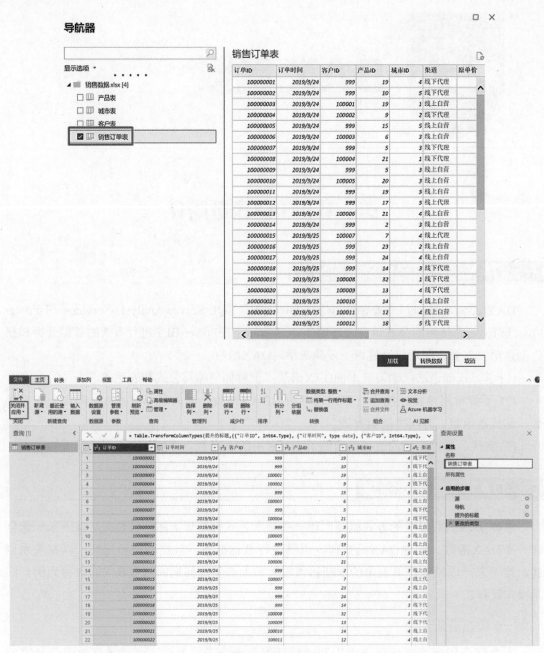

图 3-1　转换数据

(三) 关系创建

通过观察可得，销售订单表和日期表是多对一的关系，选择"模型视图"，将销售订单表的"订单时间"字段拖放至日期表的"Date"字段，即自动建立多对一关系，如图3-2所示。

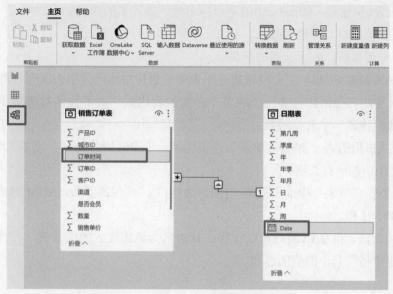

图 3-2　关系创建

(四) 用DAX函数创建度量值

在"报表视图"下执行"表工具"|"新建度量值"命令，进入度量值编写窗口，若要计算销售收入，则编辑相关公式并按Enter键即可，如图3-3所示。

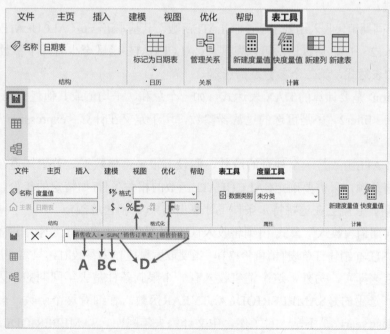

图 3-3　新建度量值

(五) DAX函数语法详解

1.语法构成

语法包括组成公式的各种元素，简单来说就是公式的编写方式。以销售收入的DAX公式为例，其包含6个元素，如图3-3中的字母标示处。各元素的含义如下。

A处为度量值名称，即销售收入。

B处为等号运算符，表示公式的开头。

C处为DAX 函数 SUM，它会将销售订单表中销售价格这一列中的所有数据相加。

D处为括号，它会括住包含一个或多个参数的表达式。大多数函数都至少需要一个参数，一个参数会传递一个值给函数。

E处为公式引用的表"销售订单表"。引用某一个表时用' '符号，当输入符号'时会自动显示Power BI中的所有表格。

F处为"销售订单表"中的引用列"[销售价格]"。使用此参数，SUM 函数就知道在哪一列上进行聚合求和。

基于上述语法，此DAX函数可以读作：针对名为销售收入的度量值，计算"销售订单表"中"销售价格"列中的值的总和。

2. 举例验证

度量值的特点是可以作为参数用于其他公式。接下来让我们一起创建新的度量值来验证这个特点，试着计算去年同期销售收入。

执行"主页"|"新建度量值"命令，将度量值公式设定为：去年同期销售收入 = CALCULATE ([销售收入], SAMEPERIODLASTYEAR ('日期表' [Date]))。接下来试着分析这个DAX公式。

计算去年同期销售收入用到了CALCULATE函数，其基本语法是CALCULATE(\<expression>, \<filter1>, \<filter2> …)，通过语法可以发现，CALCULATE 函数至少有两个参数，第一个参数是要计算的表达式，第二个参数是筛选器。

\<expression>是要计算的 DAX 表达式，如一个总和、平均值或其他任何聚合。

\<filter1>, \<filter2> …是可选的过滤器参数，用于定义在计算 \<expression> 时应用的上下文或条件。

CALCULATE函数是一个神奇的函数，假设有很多销售数据，若想知道在特定时间或条件下的销售总额，只需要确定CALCULATE函数的相关条件(如特定的年份、客户群体或产品类型)即可，它就会在这些特定条件下计算出结果(如销售总额)。

"去年同期销售收入"公式中[销售收入]是要计算的表达式，也是刚刚设置的度量值，即销售收入=SUM('销售订单表'[销售价格])，当要取度量值作为参数时，只需要用符号"[ ]"将度量值括起来即可。另外，这个销售收入有一个限制条件是去年同期的，因此需要设置过滤器参数，选用的是SAMEPERIODLASTYEAR函数。仔细看这个函数，转换成小写是same period last year，是不是一目了然，中文译为去年同期。SAMEPERIODLASTYEAR函数是Power BI 中的一个时间智能函数，用于进行日期数据的时间比较分析。这个函数的核心功能是快速地从当前选择的时间范围中回溯到前一年的相同时间段，对于进行年度对比分析特别有用。该函数的基本语法是SAMEPERIODLASTYEAR(\<dates>)，其中 \<dates> 是一个日期列的引用，通常来自日期表，需要注意的是，这个日期列应该包含所有需要分析的日期。日期范围的选择：当在报告中选择或聚焦于特定的日期范围(如某月、季度或年)

时，SAMEPERIODLASTYEAR 将自动识别这个范围。基于选择的当前日期范围，该函数会计算出前一年中相对应的日期范围。例如，如果当前关注的是2023年3月1日至2023年3月31日，那么这个函数将返回2022年3月1日至2022年3月31日的日期范围。

现在验证一下这两个度量值。选择"报表视图"，在可视化窗格中选择"切片器"，添加"年"字段，接着在可视化窗格中选择"簇状柱形图"，添加"去年同期销售收入"和"销售收入"两个度量值到"Y轴"，如图3-4所示。

图 3-4　创建可视化

至此，可以得到如图3-5所示的可视化图表。

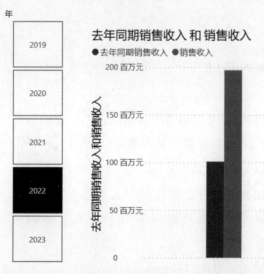

图 3-5　可视化图表

第二节 常用函数

DAX 函数库包含数百个函数，由于DAX源自Microsoft Excel 2010 的 Power Pivot 加载项，因此，有超过80 个函数与Excel中的函数相同，然而还有一部分函数是Power BI数据建模中特有的，如关系导航函数、筛选上下文函数、迭代器函数和时间智能函数。

一、关系导航函数

(一) 概念

关系导航函数是 DAX中一组特殊的函数，主要用于在一个表达式中引用和操作与当前表相关联的其他表的数据，其对于处理复杂的数据模型中的关联数据非常关键。常用的关系导航函数有RELATED和RELATEDTABLE。这两个函数的使用依赖于数据模型中预先定义的关系。例如，如果有一个销售数据表和一个产品信息表，它们通过产品ID连接，就可以在销售数据表中使用 RELATED 函数来获取与每个销售记录相关的产品详细信息。关系导航函数的具体说明如表3-1所示。

表3-1　关系导航函数的具体说明

函数	说明
RELATED	RELATED 函数用于从与当前表直接相关联的另一表中提取单个值。它通常在一个表中引用另一个与之通过关系连接的表的列。RELATED函数适用于从"多"端获取"一"端的数据
RELATEDTABLE	RELATEDTABLE函数用于从与当前表直接相关联的另一表中提取一个表格。它常用于一对多关系，从"一"端获取与之相关的"多"端的所有行，即适用于从"一"端汇总"多"端的数据

(二) 语法

1. RELATED 函数

RELATED 函数的基本语法如下。

RELATED(相关表的列)

【例】企业有"销售数据表"和"产品信息表"，它们通过产品ID相连接。在"销售数据表"中创建一个计算列来显示每个销售记录对应的产品名称。表达式如下。

产品名称 = RELATED(产品信息表[产品名称])

在这个例子中，RELATED(产品信息表[产品名称]) 提取了与"销售数据表"中每条记录相关的"产品信息表"中的产品名称。

2. RELATEDTABLE 函数

RELATEDTABLE 函数的基本语法如下。

RELATEDTABLE(<表>)

【例】企业有"客户表"和"订单表"，它们通过客户ID相连接形成一对多的关系。在"客户表"中创建一个计算列或度量值来表示每个客户的订单总数。表达式如下。

```
客户订单总数 = COUNTROWS(RELATEDTABLE(订单表))
```

在这个例子中，RELATEDTABLE(订单表)返回了与每个客户相关联的"订单表"的所有行，然后 COUNTROWS 函数计算了这些行的数量，从而得出每个客户的订单总数。

二、筛选上下文函数

(一) 概念

筛选上下文是指在计算DAX公式时考虑的所有筛选器的集合。这些筛选器决定哪些数据行被包括在计算中。理解筛选上下文有助于预测和控制DAX公式的行为和结果。在Power BI中，筛选上下文函数是指那些用于修改或操纵筛选上下文的DAX函数。筛选上下文函数使得用户能够以灵活的方式改变这些筛选器对数据计算的影响。常见的筛选上下文函数有CALCULATE、FILTER、ALL、ALLEXCEPT、ALLSELECTED。筛选上下文函数的具体说明如表3-2所示。

表3-2　筛选上下文函数的具体说明

函数	说明
CALCULATE	CALCULATE函数用于在修改后的筛选上下文中计算表达式，可以改变现有的筛选条件或引入新的筛选条件，以此来影响公式的计算结果
FILTER	FILTER 函数可以从表中返回满足特定条件的所有行，从而为其他DAX函数提供筛选后的数据集
ALL	ALL 函数用于在计算中移除筛选约束。它主要用于修改筛选上下文，特别是在需要忽略当前的筛选条件并对整个数据集或特定列进行操作时
ALLEXCEPT	ALLEXCEPT 函数用于在计算中保留对某些列的筛选，同时移除所有其他列的筛选约束
ALLSELECTED	ALLSELECTED函数用于在计算中考虑用户界面筛选器的同时移除其他筛选条件

(二) 语法

1. CALCULATE 函数

CALCULATE 函数的基本语法如下。

```
CALCULATE(<表达式>, <筛选条件1>, <筛选条件2> …)
```

其中，表达式是想要计算的DAX公式，如聚合函数(SUM、AVERAGE等)；筛选条件是一系列的条件，它们用于修改或定义新的筛选上下文。

【例】根据企业销售数据表，计算2023年某个特定产品的总销售额。表达式如下。

```
CALCULATE(SUM(销售数据表[销售额]), 销售数据表[年份] = 2023, 销售数据表[产品] = "特定产品")
```

2. FILTER 函数

FILTER 函数的基本语法如下。

```
FILTER(<表>, <表达式>)
```

其中，表是想要筛选的数据表；表达式是用于筛选表的逻辑表达式，它定义了哪些行应该被包含在结果中。

【例】根据企业销售数据表，计算只有销售额超过某个阈值的所有销售记录的总销售额。表达式如下。

```
CALCULATE(SUM(销售数据表[销售额]), FILTER(销售数据表, 销售数据表[销售额] > 阈值))
```

3. ALL 函数

ALL 函数的语法有以下两种。

```
ALL( )
ALL(表[列1], 表[列2] …)
```

第一种用于移除所有的筛选约束。第二种用于移除一个或多个特定列的筛选约束。

【例】根据销售数据表，计算某个特定产品的销售额占整个公司销售额的比例。本例可以使用 ALL 函数来移除对整个销售数据表的筛选约束。表达式如下。

```
销售比例 = DIVIDE( SUM(销售数据表[销售额]), CALCULATE(SUM(销售数据表[销售额]), ALL(销售数据表) ))
```

在这个例子中，内部的 CALCULATE 函数计算了整个销售数据表的总销售额，而不考虑任何筛选条件。外部的 SUM 函数计算了当前筛选上下文(如特定产品)下的销售额。这两个值的比例即为所求的销售比例。

4. ALLEXCEPT 函数

ALLEXCEPT 函数的基本语法如下。

```
ALLEXCEPT(表, 表[保留筛选的列1], 表[保留筛选的列2] …)
```

【例】根据销售数据表，分析在不同地区的年度销售趋势，同时忽略其他所有筛选条件(如产品类型、客户群等)。可以使用 ALLEXCEPT 函数来实现这一点，表达式如下。

```
年度销售趋势 = CALCULATE( SUM(销售数据表[销售额]), ALLEXCEPT(销售数据表, 销售数据表[年份], 销售数据表[地区]) )
```

5. ALLSELECTED 函数

ALLSELECTED 函数的基本语法有以下三种。

```
ALLSELECTED()
ALLSELECTED(表)
ALLSELECTED(表[列])
```

第一种用于移除对整个数据模型的所有筛选条件，同时考虑报表级别的筛选器。第二种和第三种用于移除对指定表或列的筛选条件，同时保留报表级别的筛选器。

【例】根据销售数据表，计算在用户选定的时间范围内的销售总额占整个时间范围的销售总额的比例。表达式如下。

```
销售占比 = DIVIDE( SUM(销售数据表[销售额]), CALCULATE(SUM(销售数据表[销售额]), ALLSELECTED(销售数据表[日期])))
```

这个例子中，内部的 CALCULATE函数和ALLSELECTED函数考虑了用户在报表上选择的日期范围，计算了在这个范围内的总销售额。外部的 SUM(销售数据表[销售额]) 计算了当前筛选上下文下的销售额，结果是用户选定时间范围内的销售占比。

三、迭代器函数

(一) 概述

在Power BI的DAX语言中，迭代器函数是一类特殊的函数，用于对表中的每一行执行特定的操作，并最终返回一个汇总值。该函数通过迭代表中的每一行，对每行应用一个表达式，然后对结果进行聚合。常见的迭代器函数有SUMX、AVERAGEX、MINX、MAXX、COUNTX、COUNTAX、PRODUCTX。迭代器函数的具体说明如表3-3所示。

表3-3　迭代器函数的具体说明

函数	说明
SUMX	计算在给定表的每一行上评估表达式后的总和
AVERAGEX	计算在给定表的每一行上评估表达式后的平均值
MINX	找出在给定表的每一行上评估表达式后的最小值
MAXX	找出在给定表的每一行上评估表达式后的最大值
COUNTX	计算在给定表的每一行上评估表达式的非空数值结果的数量
COUNTAX	计算在给定表的每一行上评估表达式的非空白结果(包含数值和非数值)的数量
PRODUCTX	计算在给定表的每一行上评估表达式后的乘积

(二) 语法

迭代器函数的基本语法如下。

```
<迭代器函数>(<表>, <表达式>)
```

【例】企业销售数据表包含每个产品的单价和销售数量，计算总销售额。表达式如下。

```
总销售额 = SUMX(销售数据表, 销售数据表[单价] * 销售数据表[数量])
```

在这个例子中，SUMX 函数遍历销售数据表中的每一行，对每行的单价和数量进行乘法运算，然后将所有结果相加得到总销售额。

四、时间智能函数

(一) 概述

时间智能函数专门用于处理与时间相关的数据分析，可以简化对日期和时间的计算，使得时间序列分析变得更加直观和高效。时间智能函数的具体说明如表3-4所示。

表3-4　时间智能函数的具体说明

函数	说明
DATEADD	在日期字段上添加或减去一定时间间隔
DATESBETWEEN	返回在两个日期之间的所有日期
DATESINPERIOD	返回从一个日期开始的特定时间段内的所有日期
TOTALYTD, TOTALQTD, TOTALMTD	分别用于计算年度、季度、月度的累计总和
SAMEPERIODLASTYEAR	用于比较当前日期与去年同一时期的数据
PREVIOUSMONTH,PREVIOUSQUARTER, PREVIOUSYEAR	分别返回上个月、上个季度、去年同期的数据
STARTOFMONTH, STARTOFQUARTER, STARTOFYEAR	获取月份、季度或年份的开始日期
ENDOFMONTH, ENDOFQUARTER, ENDOFYEAR	获取月份、季度或年份的结束日期

(二) 语法

1. DATEADD 函数

DATEADD 函数的基本语法如下。

DATEADD(<日期列>, <间隔数>, <间隔单位>)

其中，日期列是需要进行日期加减的列；间隔数是向前或向后移动的时间间隔数量，可以是正数或负数；间隔单位是时间间隔的单位，如天(DAY)、月(MONTH)、年(YEAR)等。

【例】基于企业销售数据表计算去年同期销售总额。表达式如下。

去年同期销售总额 = CALCULATE(SUM(销售数据表[销售额]), DATEADD(销售数据表[销售日期], −1, YEAR))

在这个例子中，DATEADD函数计算了销售日期向前推移一年的日期。CALCULATE函数基于这个新的日期范围来计算销售总额，从而得到去年同期的销售总额。

2. DATESBETWEEN 函数

DATESBETWEEN 函数用于创建一个包含在指定起始日期和结束日期之间的所有日期的表。这个函数在进行时间范围内的数据分析时非常有用，特别是在对特定日期范围内的数据进行聚合或比较时。DATESBETWEEN 函数的语法如下。

DATESBETWEEN(<日期列>, <起始日期>, <结束日期>)

【例】根据销售数据表计算特定促销期间(如2023年1月1日至2023年1月10日)的销售总额。表达式如下。

促销期间的销售总额 = CALCULATE(SUM(销售数据表[销售额]), DATESBETWEEN(销售数据表[销售日期], DATE(2023, 1, 1), DATE(2023, 1, 10)))

在这个例子中，DATESBETWEEN 函数创建了一个从2023年1月1日至2023年1月10日的日期范围。CALCULATE 函数使用这个日期范围来计算销售总额。

3. DATESINPERIOD函数

DATESINPERIOD的基本语法如下。

DATESINPERIOD(<日期列>, <开始日期>, <间隔数>, <间隔单位>)

其中，日期列是需要生成日期范围的日期列；开始日期是时间范围的起始点；间隔数是从开始日期开始，向前或向后移动的时间间隔数；间隔单位是时间间隔的单位，可以是天(DAY)、月(MONTH)、季度(QUARTER)或年(YEAR)。

【例】根据销售数据表，计算过去30天内的销售总额。表达式如下。

过去30天的销售总额 = CALCULATE(SUM(销售数据表[销售额]), DATESINPERIOD(销售数据表[销售日期], TODAY(), -30, DAY))

在这个例子中，DATESINPERIOD 函数创建了一个从今天开始向前数30天的日期范围。CALCULATE 函数使用这个日期范围来计算销售总额。

4. TOTALYTD, TOTALQTD, TOTALMTD函数

TOTALYTD, TOTALQTD, TOTALMTD函数的语法分别如下。

```
TOTALYTD(<表达式>, <日期列>[, <年终日期>[, <筛选器>]])
TOTALQTD(<表达式>, <日期列>[, <季度结束日期>[, <筛选器>]])
TOTALMTD(<表达式>, <日期列>[, <月末日期>[, <筛选器>]])
```

【例】根据销售数据表，计算当前年度到目前为止的销售总额。表达式如下。

年度累计销售额 = TOTALYTD(SUM(销售数据表[销售额]), 日期表[日期])

5. SAMEPERIODLASTYEAR函数

SAMEPERIODLASTYEAR函数的基本语法如下。

SAMEPERIODLASTYEAR(<日期列>)

【例】根据销售数据表，比较今年与去年同期的销售总额。表达式如下。

去年同期销售总额 = CALCULATE(SUM(销售数据表[销售额]), SAMEPERIODLASTYEAR(销售数据表[销售日期]))

在这个例子中，SAMEPERIODLASTYEAR函数自动将当前选定的日期范围转换为去年同一时期的日期范围。CALCULATE 函数使用这个日期范围来计算去年同期的销售总额。

6. PREVIOUSMONTH, PREVIOUSQUARTER, PREVIOUSYEAR函数

PREVIOUSMONTH, PREVIOUSQUARTER, PREVIOUSYEAR函数的语法分别如下。

```
PREVIOUSMONTH(<日期列>)
PREVIOUSQUARTER(<日期列>)
PREVIOUSYEAR(<日期列>)
```

【例】根据销售数据表，计算去年同一时间段内的销售总额。表达式如下。

去年同期销售总额 = CALCULATE(SUM(销售数据表[销售额]), PREVIOUSYEAR(销售数据表[销售日期]))

7. STARTOFMONTH, STARTOFQUARTER, STARTOFYEAR函数

STARTOFMONTH, STARTOFQUARTER, STARTOFYEAR函数的语法分别如下。

```
STARTOFMONTH(<日期列>)
STARTOFQUARTER(<日期列>)
STARTOFYEAR(<日期列>)
```

【例】找到当前选定日期范围内的月份开始日期。表达式如下。

月初日期 = STARTOFMONTH(销售数据表[销售日期])

8. ENDOFMONTH, ENDOFQUARTER, ENDOFYEAR函数

ENDOFMONTH, ENDOFQUARTER, ENDOFYEAR函数的语法分别如下。

```
ENDOFMONTH(<日期列>)
ENDOFQUARTER(<日期列>)
ENDOFYEAR(<日期列>)
```

【例】找到当前选定日期范围内的年份结束日期。表达式如下。

年末日期 = ENDOFYEAR(销售数据表[销售日期])

第四章 案例简介

第一节 公司介绍及数据源

一、公司基本情况

兰迪商贸有限责任公司(以下简称"兰迪商贸")是一家综合性商贸企业,主要从事小家电、数码电子产品、日用百货和饰品的销售。自创立以来,兰迪商贸致力于以消费者需求为导向,通过多渠道销售策略在国内市场树立了坚实的地位。

兰迪商贸提供广泛的产品,涵盖厨房小家电、个人护理电器、数码相机等数码产品,以及日用百货(如收纳架、摆件)等。公司与多个知名品牌建立了合作关系,确保能够为消费者提供最新、最受欢迎的产品。

兰迪商贸在全国一、二、三线城市及部分四线城市设立了线下直营门店,这些门店不仅为消费者提供便利的购物体验,还提供专业的产品咨询和售后服务。公司的线下门店布局旨在覆盖更广泛的消费群体,特别是那些更倾向于线下购物的消费者。

在电子商务方面,兰迪商贸在天猫、京东等主要电商平台开设了旗舰店。这些线上平台不仅提供了一个更广阔的销售渠道,还让公司能够及时响应市场变化和消费者需求。公司通过电商平台实施多样化的营销策略,包括限时折扣、会员专享优惠、跨平台促销活动等。

兰迪商贸实施了集线上自营、线上代理、线下代理为一体的销售模式。这种模式使得公司能够更灵活地应对市场变化,也为不同偏好和购买习惯的消费者提供了便利。公司通过与线上线下代理商的合作,进一步扩大了销售网络,扩大了市场覆盖范围。

兰迪商贸重视消费者服务,提供专业的消费者支持和高效的售后服务。公司不仅在购物过程中为消费者提供指导和帮助,还确保在购买后的产品使用和维修方面提供支持。

综合来看,兰迪商贸通过其多渠道的销售策略和对消费者需求的深刻理解,在小家电、数码电子和日用百货等零售领域获得了一定的成绩。公司的发展战略着重于市场拓展、产品多样化和客户服务,旨在为消费者提供优质的购物体验和高价值的产品。

二、数据源

(一) 维度表

1. 产品表

产品表包含企业的产品ID、产品名称、产品类别和类别ID四部分，每个产品名称对应唯一的产品ID。兰迪商贸的产品表如图4-1所示。

产品ID	产品名称	产品类别	类别ID
1	电蒸锅	小家电	1
2	电炒锅	小家电	1
3	小型吸尘器	小家电	1
4	小电炖锅	小家电	1
5	小电饭煲	小家电	1
6	小型榨汁机	小家电	1
7	家用电磁炉	小家电	1
8	小型除螨仪	小家电	1
9	家用电吹风	小家电	1
10	智能音响	小家电	1
11	破壁机	小家电	1
12	家用消毒柜	小家电	1
13	电热茶壶	小家电	1
14	电微波炉	小家电	1
15	智能饮水机	小家电	1
16	空气净化仪	小家电	1
17	电动刮胡刀	小家电	1
18	充电宝	数码电子	2
19	数码相机	数码电子	2
20	复古拍立得	数码电子	2
21	智能音响	数码电子	2
22	智能手环	数码电子	2
23	智能化妆镜	数码电子	2
24	电子相框	数码电子	2
25	家用路由器	数码电子	2
26	滚动粘毛器	日用百货	3
27	马桶置物架	日用百货	3
28	复古装饰摆件	日用百货	3
29	复古实木露台	日用百货	3

图 4-1　产品表

2. 客户表

客户表包含客户ID、客户姓名、性别和年龄四部分，其中每个客户对应唯一的客户ID。客户表如图4-2所示。

客户ID	客户姓名	性别	年龄
100001	喻千娇	女	24
100002	韩勇焕	女	60
100003	谭祺方	女	30
100004	邱杰波	女	64
100005	邱多微	男	65
100006	谭笛吟	女	58
100007	牧多娆	男	32
100008	葛毅威	男	58
100009	郁安显	女	27
100010	符芹云	男	32
100011	谢艺萱	女	52
100012	井韶梦	男	50
100013	钱宜郁	男	54

图 4-2　客户表

3. 城市表

城市表包含城市ID、城市名称、省、区域和分类五部分，其中每个城市对应唯一的城市ID。城市表如图4-3所示。

4. 部门表

部门表包含部门ID、部门名称、责任区域和责任中心四部分，每个部门名称对应唯一的部门ID。部门表如图4-4所示。

城市ID	城市名称	省	区域	分类
1	北京市	北京市	北区	一线
2	上海市	上海市	东区	一线
3	广州市	广东省	南区	一线
4	深圳市	广东省	南区	一线
5	成都市	四川省	西区	新一线
6	杭州市	浙江省	东区	新一线
7	重庆市	重庆市	西区	新一线
8	武汉市	湖北省	西区	新一线
9	西安市	陕西省	西区	新一线
10	苏州市	江苏省	东区	新一线
11	天津市	天津市	北区	新一线
12	南京市	江苏省	东区	新一线
13	长沙市	湖南省	南区	新一线
14	郑州市	河南省	北区	新一线
15	东莞市	广东省	南区	新一线
16	青岛市	山东省	东区	新一线
17	沈阳市	辽宁省	北区	新一线
18	宁波市	浙江省	东区	新一线
19	昆明市	云南省	西区	新一线
20	无锡市	江苏省	东区	二线
21	佛山市	广东省	南区	二线
22	合肥市	安徽省	东区	二线
23	大连市	辽宁省	北区	二线
24	福州市	福建省	南区	二线

图4-3 城市表

部门ID	部门名称	责任区域	责任中心
D01	总经办		管理中心
D02	综合部		成本中心
D03	东区事业部	东区	利润中心
D04	南区事业部	南区	利润中心
D05	北区事业部	北区	利润中心
D06	西区事业部	西区	利润中心
D07	财务部		管理中心
D08	人力资源部		管理中心
D09	研发采购部		成本中心
D99	其他		管理中心

图4-4 部门表

(二) 事实表

1. 财务报表

财务报表为兰迪商贸2019年9月至2023年1月的月度财务报表，共涉及41个Excel表，每个Excel表中均包含3个Sheet表，分别是资产负债表(见图4-5)、利润表(见图4-6)和现金流量表(见图4-7)。

资产负债表

编制单位：　　　　　　日期：　　　　　　　　　　　　　　　2022/12/31　　　　　　　　　　　　　　　　　　　　单位：元

资产	行次	期末余额	年初余额	负债和所有者权益	期末余额	年初余额
	13			其他流动负债	–	–
流动资产合计	14	136,376,244.29	58,054,535.71	流动负债合计	122,402,213.04	50,812,914.63
非流动资产：	15	–	–	非流动负债：		
债权投资	16	–	–	长期借款	5,000,000.00	5,000,000.00
其他债权投资	17	–	–	应付债券	–	–
长期应收款	18	–	–	长期应付款	–	–
长期股权投资	19	–	–	专项应付款	–	–
其他权益工具投资	20	–	–	长期应付职工薪酬	–	–
投资性房地产	21	–	–	预计负债	–	–
固定资产	22	2,600,000.00	1,820,000.00	递延所得税负债	–	–
在建工程	23	–	–	其他非流动负债	–	–
工程物资	24	–	–	非流动负债合计	5,000,000.00	5,000,000.00
固定资产清理	25	–	–	负债合计	127,402,213.04	55,812,914.63
无形资产	26	800,780.00	560,378.00	所有者权益（或股东权益）		
商誉	27	–	–	实收资本（或股本）	10,000,000.00	10,000,000.00
长期待摊费用	28	8,000,780.00	5,600,378.00	资本公积	–	–
递延所得税资产	29	–	–	盈余公积	1,066,561.89	51,240.48
其他非流动资产	30	–	–	其他综合收益	–	–
	31	–	–	未分配利润	9,309,029.36	171,136.60
非流动资产合计	32	11,401,560.00	7,980,756.00	所有者权益合计	20,375,591.25	10,222,377.08
资产总计	33	147,777,804.29	66,035,291.71	负债和所有者权益总计	147,777,804.29	66,035,291.71

图4-5 资产负债表

利润表

编制单位：		日期：	2022/12/31	单位：元
项目	行次	本月数	本年累计数
一、营业收入	1	19,592,718.10	196,936,607.30
二、营业总成本	2	17,981,763.85	183,416,297.40
其中：营业成本	3	10,768,664.64	109,773,409.51
税金及附加	4	235,112.62	2,363,239.29
销售费用	5	5,194,106.71	50,752,317.43
管理费用	6	1,575,181.40	19,361,836.36
财务费用（收益以"－"号填列）	7	92,111.49	990,809.82
资产减值损失	8	116,587.00	174,685.00
加：公允价值变动净收益（净损失以"－"号填列）	9	－	－
投资净收益（净损失以"－"号填列）	10	－	－
资产处置收益（净损失以"－"号填列）	11	－	－
其他收益	12	－	－
三、营业利润	13	1,610,954.25	13,520,309.90
加：营业外收入	14	3,449.00	39,614.00
减：营业外支出	15	1,833.00	22,305.00
四、利润总额	16	1,612,570.25	13,537,618.90
减：所得税费用	17	403,142.56	3,384,404.73
五、净利润	18	1,209,427.69	10,153,214.18

图 4-6 利润表

现金流量表

编制单位：		日期：	2022/12/31	单位：元
项目	行次	本月数	本年累计数
一、经营活动产生的现金流量：	1	－	－
销售商品、提供劳务收到的现金	2	21,591,446.45	218,872,510.25
收到的税费返还	3	－	－
收到其他与经营活动有关的现金	4	2,566,391.18	25,016,489.54
经营活动现金流入小计	5	24,157,837.64	243,888,999.79
购买商品、接受劳务支付的现金	6	18,664,045.03	159,323,152.63
支付给职工以及为职工支付的现金	7	1,183,403.37	10,989,645.68
支付的各项税费	8	235,112.62	2,363,239.29
支付其他与经营活动有关的现金	9	60,611.15	613,114.82
经营活动现金流出小计	10	20,143,172.18	173,289,152.42
经营活动产生的现金流量净额	11	4,014,665.46	70,599,847.37
二、投资活动产生的现金流量：	12	－	－
收回投资收到的现金	13	－	－
取得投资收益收到的现金	14	－	－
处置固定资产、无形资产和其他长期资产收回的现金净额	15	－	－
处置子公司及其他营业单位收到的现金净额	16	－	－
收到其他与投资活动有关的现金	17	－	－
投资活动现金流入小计	18	－	－
购建固定资产、无形资产和其他长期资产支付的现金	19	271,671.74	3,176,790.79
投资支付的现金	20	－	－
取得子公司及其他营业单位支付的现金净额	21	－	－
支付其他与投资活动有关的现金	22	－	－
投资活动现金流出小计	23	271,671.74	3,176,790.79
投资活动产生的现金流量净额	24	(271,671.74)	(3,176,790.79)
三、筹资活动产生的现金流量：	25	－	－
吸收投资收到的现金	26	－	－
取得借款收到的现金	27	－	－
收到其他与筹资活动有关的现金	28	－	－
筹资活动现金流入小计	29	－	－
偿还债务支付的现金	30	－	－
分配股利、利润或偿付利息支付的现金	31	33,333.33	400,000.00
支付其他与筹资活动有关的现金	32	－	－
筹资活动现金流出小计	33	33,333.33	400,000.00
筹资活动产生的现金流量净额	34	(33,333.33)	(400,000.00)
四、汇率变动对现金及现金等价物的影响	35	－	－
五、现金及现金等价物净增加额	36	3,709,660.39	67,023,056.59
加：期初现金及现金等价物余额	37	110,130,440.65	46,817,044.45
六、期末现金及现金等价物余额	38	113,840,101.04	113,840,101.04

图 4-7 现金流量表

2. 库存相关数据表

库存相关数据表包含商品采购入库表(见图4-8)和存货核算表(见图4-9)。商品采购入库表包括入库日期、入库单号、仓库、产品ID、数量、单价和金额7项内容。存货核算表包括年、月、产品ID、采购入库单价、采购入库数量、采购入库金额、销售出库数量、期末库存数量、期初库存数量、期末余额和当期存货平均单位成本11项内容。

入库日期	入库单号	仓库	产品ID	数量	单价	金额
2019/9/1	1000001	北区	36	5	140.6	703
2019/9/1	1000002	东区	36	5	140.6	703
2019/9/1	1000003	南区	36	5	140.6	703
2019/9/1	1000004	西区	36	5	140.6	703
2019/9/1	1000005	北区	37	5	155	775
2019/9/1	1000006	东区	37	5	155	775
2019/9/1	1000007	南区	37	5	155	775
2019/9/1	1000008	西区	37	5	155	775
2019/9/1	1000009	北区	6	10	168	1680
2019/9/1	1000010	东区	6	12	168	2016
2019/9/1	1000011	南区	6	35	168	5880
2019/9/1	1000012	西区	6	10	168	1680
2019/9/1	1000013	北区	4	5	272	1360
2019/9/1	1000014	东区	4	5	272	1360
2019/9/1	1000015	南区	4	20	272	5440
2019/9/1	1000016	西区	4	30	272	8160
2019/9/1	1000017	北区	53	5	96	480
2019/9/1	1000018	东区	53	10	96	960
2019/9/1	1000019	南区	53	5	96	480
2019/9/1	1000020	西区	53	5	96	480
2019/9/1	1000021	北区	19	5	424	2120

图 4-8　商品采购入库表

年	月	产品ID	采购入库单价	采购入库数量	采购入库金额	销售出库数量	期末库存数量	期初库存数量	期末余额	当期存货平均单位成本
2020	1	3	216	385	83160	147	287	49	61455.8552	214.1318996
2020	1	20	276	395	109020	173	288	66	80154.43835	278.314022
2020	1	19	440	377	165880	140	261	24	114028.1632	436.8895143
2020	1	18	68	315	21420	161	255	101	17639.57399	69.17479994
2020	1	21	102	282	28764	176	235	129	23350.75956	99.36493432
2020	1	14	190	350	66500	162	267	79	50269.47554	188.2751893
2020	1	6	222	403	89466	184	294	75	64064.83693	217.9076086
2020	1	11	1288	454	584752	180	351	77	454612.0049	1295.190897
2020	1	12	360	358	128880	140	296	78	111322.673	376.0901115
2020	1	9	19.2	477	9158.4	191	332	46	6373.542355	19.19741673
2020	1	13	265	610	161650	199	446	35	117933.6071	264.4251281
2020	1	15	360	272	97920	148	216	92	82408.13334	381.5191359
2020	1	24	66	407	26862	155	316	64	20751.31202	65.66870893
2020	1	36	114	35	3990	11	75	51	9291.050984	123.8806798
2020	1	29	432	34	14688	10	68	44	28706.46154	422.1538462
2020	1	37	185	30	5550	5	62	37	10803.73134	174.2537313
2020	1	16	192	273	52416	136	202	65	38774.52011	191.9530699
2020	1	34	132	41	5412	10	57	26	7719.260937	135.4256305
2020	1	2	144	242	34848	145	202	105	29368.30116	145.3876295
2020	1	23	171	636	108756	207	475	46	80471.57148	169.4138347
2020	1	4	256	327	83712	163	247	83	65235.33659	264.1106744
2020	1	22	245	240	58800	155	132	47	32295.3207	244.6615204
2020	1	53	90	27	2430	6	70	49	6869.210526	98.13157895
2020	1	10	204	163	33252	132	71	40	14732.36627	207.4981165
2020	1	17	282	386	108852	184	244	42	68734.10409	281.6971479

图 4-9　存货核算表

3. 销售相关数据表

销售相关数据表包含销售订单表(见图4-10)和2022年预算收入表(见图4-11)。销售订单表包含订单ID、订单时间、客户ID、产品ID、城市ID、渠道、原单价、折扣、销售单价、数量、销售价格和是否会员12项内容。2022年预算收入表包含城市名称、产品类别、各月份预算金额及合计项等内容。

订单ID	订单时间	客户ID	产品ID	城市ID	渠道	原单价	折扣	销售单价	数量	销售价格	是否会员
100000001	2019/9/24	999	19	4	线下代理	800	1	800	5	4000	非会员
100000002	2019/9/24	999	10	5	线下代理	400	1	400	4	1600	非会员
100000003	2019/9/24	100001	19	1	线上自营	800	1	800	1	800	会员
100000004	2019/9/24	100002	9	2	线下代理	60	1	60	5	300	会员
100000005	2019/9/24	999	15	5	线上自营	800	0.85	680	5	3400	非会员
100000006	2019/9/24	100003	6	3	线上自营	600	0.95	570	4	2280	会员
100000007	2019/9/24	999	5	3	线下代理	300	0.8	240	4	960	非会员
100000008	2019/9/24	100004	21	1	线下代理	300	0.95	285	4	1140	会员
100000009	2019/9/24	999	5	3	线上自营	300	0.95	285	2	570	非会员
100000010	2019/9/24	100005	20	3	线上自营	600	1	600	4	2400	会员
100000011	2019/9/24	999	19	5	线上自营	800	1	800	1	800	非会员
100000012	2019/9/24	999	17	5	线上代理	600	0.85	510	5	2550	非会员
100000013	2019/9/24	100006	21	3	线上自营	300	0.95	285	5	1425	会员
100000014	2019/9/24	999	2	3	线上自营	300	1	300	4	1200	非会员
100000015	2019/9/25	100007	7	4	线上代理	350	1	350	1	350	会员
100000016	2019/9/25	999	23	2	线上自营	300	0.8	240	1	240	非会员
100000017	2019/9/25	999	24	4	线上自营	200	1	200	3	600	非会员
100000018	2019/9/25	999	14	3	线下代理	500	1	500	2	1000	非会员
100000019	2019/9/25	100008	32	1	线下代理	800	1	800	4	3200	会员
100000020	2019/9/25	100009	13	4	线下代理	500	1	500	5	2500	会员
100000021	2019/9/25	100010	14	4	线上自营	500	1	500	3	1500	会员

图 4-10　销售订单表

2022年各城市销售收入预算

单位: 元

城市名称	产品类别	1月	2月	3月	4月	5月	6月	7月	8月	9月	10月	11月	12月	合计
	其他	800	600	1,600	600	200	1,600	400	600	1,600	600	800	400	9,800
贵阳市	小家电	51,000	95,000	102,500	104,000	84,500	118,000	103,000	107,000	114,500	120,000	96,500	116,500	1,212,500
	数码电子	16,000	17,200	17,200	20,800	30,400	48,000	29,600	36,000	53,200	28,400	32,800	26,400	356,000
	日用百货	400	2,800	4,800	800	1,200	2,800	400	800	5,200	4,400	1,200	1,600	26,400
	饰品	1,500	300	1,800	300	300	600	1,200	600	600	2,100	1,500	1,800	12,600
	其他	600	600	200	1,000	1,400	600	600	1,400	1,400	1,600	1,200	200	14,000
桂林市	小家电	55,000	51,500	72,000	84,000	82,000	87,000	126,000	93,500	89,500	118,500	103,500	97,000	1,059,500
	数码电子	22,400	16,400	35,200	32,400	38,000	36,800	49,600	38,000	39,200	34,000	37,200	34,400	413,600
	日用百货	800	2,400	2,400	2,400	4,800	800	3,600	800	1,200	1,200	3,200	1,200	26,000
	饰品	900	600	2,400	1,800	2,700	1,500	900	2,100	3,600	3,600	300	600	21,000
	其他	200	200	400	200	200	1,200	200	200	400	600	1,000	1,500	5,200
哈尔滨市	小家电	34,500	55,000	90,500	97,000	80,000	100,000	139,000	76,000	120,500	127,000	117,000	92,000	1,128,500
	数码电子	14,800	41,600	43,600	27,600	16,400	35,600	36,000	26,200	34,400	31,600	45,200	360,000	
	日用百货	1,200	2,400	1,200	1,200	4,800	800	5,600	2,400	1,200	3,600	2,800		28,000
	饰品	300	2,700	2,100	900	600	2,700	900	900	1,500	1,500	3,600	1,200	18,900
	其他	200	600	1,600	200	1,000	200	1,400	200	400	600	200		7,200
海口市	小家电	35,000	58,000	86,500	62,500	101,500	110,000	127,000	118,500	98,000	98,500	134,000	98,000	1,127,500
	数码电子	21,200	25,200	24,800	30,800	36,000	40,400	26,400	36,000	38,800	49,600	30,000	52,400	411,600
	日用百货	400	1,200	800	800	400	3,200	4,800	800	2,000	5,200	2,000	4,800	26,400
	饰品	300	900	1,200	600	800	2,000	7,200	600	2,400	1,200	2,200	1,000	12,000
	其他	1,000	800	1,000	800	800	2,000	800	600	200	200	2,200	400	12,000
邯郸市	小家电	41,500	69,000	82,500	61,000	107,000	76,000	89,000	117,000	104,500	76,500	99,000	90,500	1,013,500
	数码电子	10,800	24,800	50,800	25,200	20,400	33,600	27,200	39,600	26,400	47,200	42,400	27,200	375,600
	日用百货	3,600	3,200	2,000	4,000	1,600	1,200	4,000	2,800	400	1,600	2,000	800	27,200
	饰品	600	600	600	300	900	600	900	300	1,800	1,500	3,300	200	12,300
	其他	600	600	400	400	1,200	400	600	200	1,000	800	200	200	6,800
杭州市	小家电	59,000	66,500	74,000	60,500	95,500	73,500	80,500	71,500	108,500	86,000	100,500		444,000
	数码电子	14,800	15,600	32,800	28,400	36,800	36,400	48,800	58,800	31,600	48,800	36,400	55,200	444,000
	日用百货	1,200	400	400	1,200	4,400	2,400	3,200	1,600	400	2,800	400	400	18,800
	饰品	600	900	900	900	4,800	900	3,000	2,700	1,800	1,800	3,000	600	21,000
	其他	200	1,000	1,000	800	2,200	1,400	600	200	1,000	1,600	800	800	11,600
合肥市	小家电	52,000	62,500	74,500	54,000	68,000	107,000	116,500	88,000	113,000	100,500	127,500	112,500	1,076,500
	数码电子	22,000	29,200	25,200	25,200	25,200	42,000	28,400	24,400	36,400	32,800	29,600	48,000	368,400
	日用百货	2,000	1,200	3,600	400	1,600	4,800	2,000	6,000	800	800	4,000		28,000
	饰品	300	1,200	1,500	4,200	4,800	1,200	1,200	3,000	1,500	900	3,300	1,200	24,300
	其他	600	1,200	400	1,000	200	600	400	200	200	800	600	800	7,400
衡阳市	小家电	49,500	64,500	106,000	73,500	95,000	90,500	108,000	95,500	122,000	152,000	92,500	83,500	1,132,500
	数码电子	19,600	33,200	34,400	22,400	28,000	40,400	32,800	33,200	46,400	46,000	58,800	36,400	431,600
	日用百货	400	1,200	1,200	7,200	3,200	2,400	400	800	1,200	10,000	1,200	400	28,800
	饰品	1,200	300	3,300	900	1,200	1,500	2,100	300	4,200	1,200	1,800	600	18,600
	其他	1,600	1,000	400	2,200	1,000	600	600	400	200	200	200	800	9,200

图 4-11　2022 年预算收入表

4.运营费用相关数据表

运营费用相关数据表包括费用明细表(见图4-12)和费用及其他预算表(见图4-13)。费用明细表包含科目编码、科目名称、部门辅助核算[部门ID]和金额4项内容。费用及其他预算表包含部门、管理一级科目、管理二级科目、各月份数据及合计项等内容。

科目编码	科目名称	部门辅助核算[部门ID]	金额
6301	营业外收入	D99	3449
6711	营业外支出	D99	1833
6801	所得税费用	D99	403142.5627
640301	税金及附加/流转税附加	D99	162146.6326
640302	税金及附加/印花税	D99	16214.66326
640303	税金及附加/房产税	D99	32429.32651
640304	税金及附加/车辆使用税	D99	8107.331628
640399	税金及附加/其他	D99	16214.66326
660102	销售费用/物业管理费	D03	29693.69595
660102	销售费用/物业管理费	D04	53418.6828
660103	销售费用/租赁费	D03	32663.4023
660103	销售费用/租赁费	D04	16887.66825
660103	销售费用/租赁费	D05	38543.21511
660103	销售费用/租赁费	D06	6417.701696
660104	销售费用/办公费	D03	7947.04908
660104	销售费用/办公费	D04	10042.76541
660104	销售费用/办公费	D05	3145.714575
660104	销售费用/办公费	D06	1206.436706
660105	销售费用/差旅费	D03	30133.7113
660105	销售费用/差旅费	D04	241515.6736
660105	销售费用/差旅费	D05	27609.37023
660105	销售费用/差旅费	D06	31379.56008

图 4-12　费用明细表

部门	管理一级科目	管理二级科目	1月	2月	3月	4月	5月	6月	7月	8月	9月	10月	11月	12月	合计
总经办	运营费用	折旧摊销	6,365	10,160	9,723	14,892	15,206	14,916	14,668	13,420	14,593	10,300	11,123	8,692	144,058
总经办	运营费用	人工费用	261,573	306,469	262,867	253,063	259,211	304,605	314,444	309,328	231,950	301,847	287,586	285,602	3,378,545
总经办	运营费用	日常运营费	116,732	162,719	145,762	223,478	163,607	233,908	219,700	227,010	264,997	171,281	210,467	192,456	2,332,117
总经办	运营费用	其他运营费用	125	146	293	223	267	303	258	178	153	143	261	130	2,480
综合部	运营费用	折旧摊销	14,231	19,350	18,247	26,829	25,784	38,764	45,915	39,147	40,901	26,787	38,581	31,166	365,702
综合部	运营费用	人工费用	47,453	61,629	66,082	91,001	83,422	126,482	152,011	102,345	96,776	121,987	113,579	128,948	1,191,715
综合部	运营费用	日常运营费	69,272	90,902	121,315	79,880	129,550	130,045	158,929	191,890	176,211	216,936	203,409	138,318	1,706,657
综合部	运营费用	外部服务费	24,099	15,217	33,265	26,181	30,990	45,731	35,913	26,258	30,026	36,548	25,931	15,036	345,195
综合部	运营费用	其他运营费用	850	772	673	837	925	796	917	877	1,077	1,326	1,037	584	10,671
东区事业部	运营费用	折旧摊销	7,807	9,501	8,785	11,485	8,589	13,878	13,395	10,330	14,802	16,105	19,986	25,107	159,770
东区事业部	运营费用	人工费用	70,510	131,590	61,335	183,677	70,178	145,127	153,105	84,103	85,755	143,001	201,361	180,173	1,509,915
东区事业部	运营费用	日常运营费	159,520	196,614	309,670	313,406	354,439	337,139	458,508	239,347	283,164	410,560	364,032	442,302	3,868,701
东区事业部	运营费用	市场运营费	277,183	383,412	604,115	463,995	679,746	668,773	600,883	902,086	597,461	578,748	697,390	852,252	7,306,044
东区事业部	运营费用	外部服务费	76,149	80,989	122,852	147,383	140,777	206,518	239,586	189,616	146,564	286,361	303,446	326,513	2,266,754
东区事业部	运营费用	其他运营费用	6,504	10,343	4,520	8,422	4,849	5,401	8,074	5,653	6,317	10,757	11,359	17,148	103,347
南区事业部	运营费用	折旧摊销	16,100	18,283	20,677	19,104	20,409	19,504	21,438	23,668	23,364	27,440	20,965	30,241	261,193
南区事业部	运营费用	人工费用	79,435	179,710	108,780	207,153	107,329	173,207	199,309	118,897	113,412	134,593	188,560	199,829	1,810,214
南区事业部	运营费用	日常运营费	202,488	247,695	299,615	185,386	220,054	409,257	380,890	415,517	405,209	425,553	438,733	397,789	4,028,186
南区事业部	运营费用	市场运营费	367,281	641,535	515,709	513,945	575,385	547,145	454,779	501,367	399,401	687,883	663,160	822,716	6,707,308

图 4-13　费用及其他预算表

第二节　案例辅助表构建

一、日期表

(一) 日期表概述

日期表在Power BI中通常被视为维度表，其主要功能是允许分析人员基于时间对事实数据进行切片，方便后期按月、季度或年度查看数据。由于日期表不是从事务性源系统直接导入的，而是为了数据分析而手动创建的，因此这里将其放入辅助表中，但是在数据建模中，尤其是在与事实表进行关联时，日期表将作为维度来处理，因此命名为"D日期表"。

(二) 日期表构建方式

本案例中日期表根据案例数据的日期范围创建，具体实现方式是执行"主页"|"新建表"命令，输入DAX代码，如图4-14所示。

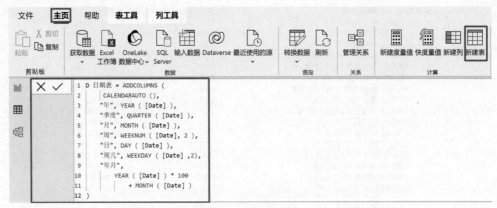

图 4-14 构建日期表

日期表包含了时间维度的各种属性，非常适合进行时间序列分析。日期表如图4-15所示。

Date	年	季度	月	周	日	周几	年月
2020/1/1 0:00:00	2020	1	1	1	1	3	202001
2020/1/2 0:00:00	2020	1	1	1	2	4	202001
2020/1/3 0:00:00	2020	1	1	1	3	5	202001
2020/1/4 0:00:00	2020	1	1	1	4	6	202001
2020/1/5 0:00:00	2020	1	1	1	5	7	202001
2020/1/6 0:00:00	2020	1	1	2	6	1	202001
2020/1/7 0:00:00	2020	1	1	2	7	2	202001
2020/1/8 0:00:00	2020	1	1	2	8	3	202001
2020/1/9 0:00:00	2020	1	1	2	9	4	202001
2020/1/10 0:00:00	2020	1	1	2	10	5	202001
2020/1/11 0:00:00	2020	1	1	2	11	6	202001
2020/1/12 0:00:00	2020	1	1	2	12	7	202001
2020/1/13 0:00:00	2020	1	1	3	13	1	202001
2020/1/14 0:00:00	2020	1	1	3	14	2	202001
2020/1/15 0:00:00	2020	1	1	3	15	3	202001
2020/1/16 0:00:00	2020	1	1	3	16	4	202001

图 4-15 日期表

(三) 相关度量值

接下来请跟随本部分内容一起理解在构建日期表时输入的DAX代码。

(1) D 日期表 = ADDCOLUMNS ()：这里开始定义一个名为"D 日期表"的新表，并且用ADDCOLUMNS函数向这个表中添加新的列。ADDCOLUMNS函数的具体介绍如表4-1所示。

表4-1 ADDCOLUMNS函数的具体介绍

名称	ADDCOLUMNS函数
功能	用于向已存在的表中添加计算列
语法	ADDCOLUMNS (<table>, <columnName1>, <expression1>, <columnName2>, <expression2>, …)
语法解读	<table>: 这是要添加列的原始表格，它可以是直接引用的一个表，也可以是一个返回表的表达式。 <columnName1>, <expression1>: 这是一对参数，其中<columnName1>是要添加的新列的名称，<expression1>是计算每行该列值的DAX表达式。此表达式可以使用原始表中的列。 可以连续添加多个列，只需要重复上述的<columnName>, <expression>对即可

(2) CALENDARAUTO()：CALENDARAUTO是DAX中的一个时间智能函数，此函数可以生成一个日期表，其日期范围通常是基于数据模型中所有日期字段的最小日期和最大日期，它会自动识别数据模型中存在的日期范围，并生成覆盖这个范围的连续日期列表，列的名称默认为Date。CALENDARAUTO函数的具体介绍如表4-2所示。

表4-2　CALENDARAUTO函数的具体介绍

名称	CALENDARAUTO函数
功能	自动根据数据模型中的日期数据生成一个日期范围。CALENDARAUTO函数通常在数据模型中没有日期表但需要进行与时间相关的分析时使用
语法	CALENDARAUTO([fiscal_year_end_month])
语法解读	[fiscal_year_end_month](可选)：这是一个数字参数，用于指定年度的结束月份。如果不提供这个参数，CALENDARAUTO函数默认使用日历年度，即从1月开始到12月结束。如果提供这个参数，日期表将根据指定的年度结束月生成。例如，如果年度是从7月到次年6月，应该使用 CALENDARAUTO(6)。 本案例采用的是无参数语法，即DateTable = CALENDARAUTO()，范围从数据模型中最早的日期到最晚的日期

（3）在刚刚输入的DAX代码中，ADDCOLUMNS函数将以下列添加到由CALENDARAUTO()生成的日期列表中(其中 [Date] 是CALENDARAUTO()生成的列，列的名称默认为Date)。

- "年"，YEAR ([Date])：添加一个名为"年"的列，显示每个日期属于哪个年份。
- "季度"，QUARTER ([Date])：添加一个名为"季度"的列，显示每个日期属于哪个季度。
- "月"，MONTH ([Date])：添加一个名为"月"的列，显示每个日期属于哪个月份。
- "周"，WEEKNUM ([Date], 2)：添加一个名为"周"的列，显示每个日期属于年中的第几周。参数"2"表示周起始于周一。
- "日"，DAY ([Date])：添加一个名为"日"的列，显示每个日期的日数。
- "周几"，WEEKDAY ([Date] ,2)：添加一个名为"周几"的列，显示每个日期是周几。同样，参数"2"表示周起始于周一。
- "年月"：这是一个稍微复杂的列，它首先计算每个日期的年份，然后乘以100，再加上该日期的月份，目的是创建一个格式为YYYYMM的数值，方便进行按年月分组的分析。

二、单位辅助表

单位辅助表的创建如图2-7所示，此处不再赘述。

第一节 财务报表分析思路

一、总体分析思路

　　财务报表分析是评估企业经营绩效和财务状况的重要过程，该分析从资产负债表、利润表、现金流量表和财务效率四个维度展开，如图5-1至图5-4所示。

图 5-1　资产负债表可视化概览

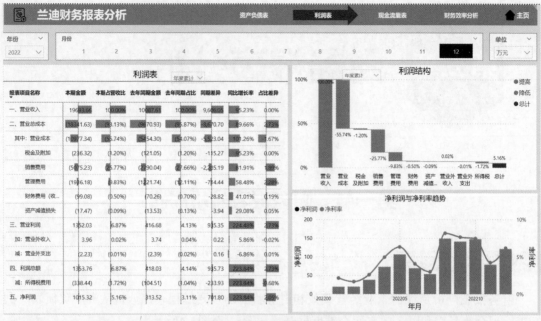

图 5-2　利润表可视化概览

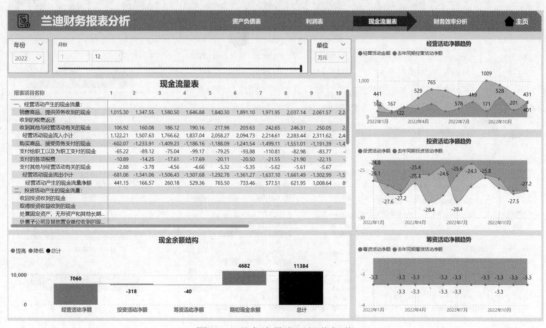

图 5-3　现金流量表可视化概览

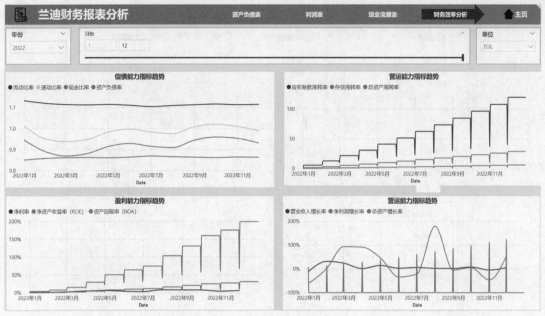

图 5-4　财务效率可视化概览

二、数据源及数据建模

(一) 数据准备及清洗转换

财务报表分析中需要的维度表有D 日期表(创建过程见第三章第一节)、D 财务科目信息表;需要的事实表有F 财务报表汇总(数据清洗和转换过程见第二章第二节);需要的辅助表有单位辅助表(见第四章第二节)、资产负债表树状图、利润表瀑布图。数据表分类如表5-1所示。

表5-1　数据表分类

数据表种类	数据表名称
维度表	D日期表、D财务科目信息表
事实表	F财务报表汇总
辅助表	单位辅助表、资产负债表树状图、利润表瀑布图

(二) 关系建模

将数据表进行建模分析,如图5-5所示。财务报表分析中数据表之间的关联关系如表5-2所示。

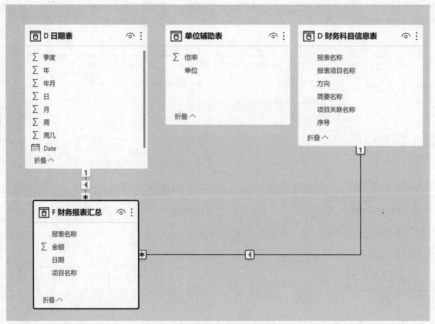

图 5-5　关系建模

表5-2　数据表之间的关联关系

关系表	关联字段	关联
D 日期表与F 财务报表汇总	Date与日期	一对多
D财务科目信息表与F 财务报表汇总	项目关联名称与项目名称	一对多

第二节　资产负债表分析

一、分析目的与分析内容

(一) 分析目的

为更好地理解企业财务状况、评估资产质量和结构，本部分充分利用企业的资产负债表，选取资产总额、负债总额、所有者权益、流动资产、流动负债和营运资本六个核心指标做纵向对比分析，筛选资产和负债排名前五的项目，并以主要的资产、负债和所有者权益项目做趋势分析，总体展示企业财务的增长情况，帮助企业决策层了解现状，从而更加迅速和准确地做出决策。

(二) 分析内容

资产负债表分析看板如图5-6所示。该看板主要由切片器、KPI图、环形图、矩阵和分区图5个区域组成，具体如下。

第1区切片器，用于选取年份切片器、月份切片器和单位切片器，每个切片器都可以影响看板中的另外4个区域。年份和月份切片器方便人们根据需要查看月或年的数据，并快速在这些视图之间切换。单位切片器，提供元、万元、百万元和亿元4种货币单位，更符合国内报告使用者的阅读习惯。

第2区KPI图，展示资产总额、负债总额、所有者权益、流动资产、流动负债和营运资本六个核心指标的具体金额。

第3区环形图，展示资产和负债排名前五的项目。

第4区矩阵，总体展示企业财务的增减情况。

第5区分区图，展示主要的资产、负债和所有者权益项目的余额趋势。

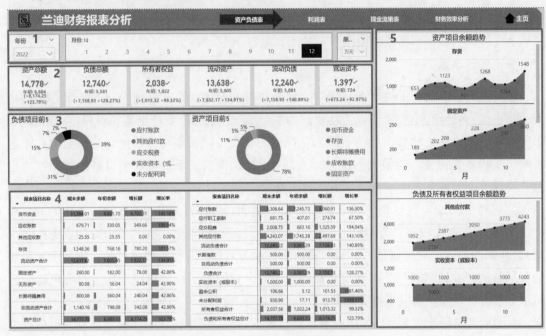

图 5-6　资产负债表分析看板

二、具体分析过程

资产负债表是反映企业在某一特定时点财务状况的会计报表，能够体现企业拥有资产的数量和结构、承担负债的金额和偿还期限，以及投资者享有的所有者权益及来源。

(一) 水平分析

兰迪商贸的总资产不断增长，呈持续上升趋势，表明公司具有持续扩张趋势，正在积极地扩大其业务范围。调整切片器可以看到，2022年资产总额为14,778万元，相较于2021年增加了8,174万元，增长了123.79%。从第4区可以看出，货币资金、应收账款、存货的增长率较高，是因为增加了存货以支持更高的销售目标，或是扩大了市场份额，带来了应收账款和货币资金的增长。

兰迪商贸2022年负债总额为12,740万元，相比2021年增加了7,159万元，增长了128.27%。通过第4区可以看出，负债的增加主要是应付账款、应交税费、其他应付款的增长带来的，这表明公司为扩展运营增加了财务杠杆。

兰迪商贸2022年的所有者权益为2,038万元，同比增长了1,015万元，增长率达到了99.32%。所有者权益的显著增长主要是因为留存收益的增加，说明公司能够保持盈利。调整切片器到2020年，可以发现所有者权益呈下降趋势。

兰迪商贸2022年的流动资产、流动负债和营运资本均呈现上升趋势。流动资产从5,805万元增长到13,638万元，增长了134.91%。流动负债从5,801万元增长到12,240万元，增长了140.89%。营运资本(流动资产减去流动负债)为1,398万元，增长了92.97%。流动资产的高增长率和营运资本的增加是积极的财务健康信号，表明公司有足够的短期资产来支持运营活动和短期债务，有能力应对短期内的财务波动。但流动负债的大幅增加也需要引起注意，这增加了公司面临流动性问题的风险。

(二) 垂直分析

在兰迪商贸2022年的资产负债表中，流动资产和非流动资产分别为13,638万元和1,140万元，占比为92%和8%，资产以流动资产为主，流动性较强，资产结构相对稳定。第3区环形图显示，资产中占比较大的前五项为货币资金、存货、长期待摊费用、应收账款和固定资产。货币资金占资产的很大一部分，为78%，高比例的货币资金表明良好的流动性，也意味着资金未能被有效地用于产生更高的回报。

兰迪商贸2022年流动负债和非流动负债分别为12,240万元和500万元，占比为96%和4%，流动负债占比较高，公司财务压力小，财务资源相对丰富，有利于未来的业务扩张。第3区环形图显示，应付账款占39%、其他应付款占31%、应交税费占15%。应付账款和其他应付款的较高比例表明公司在现金流管理上有一定的灵活性，但也增加了财务风险，公司依赖于各种短期负债以支持其运营。

兰迪商贸负债比重为86%，所有者权益比重为14%，采用比较高的财务杠杆，更依赖于债务融资，资产负债率比较高，财务风险相对较大。调整切片器，可以看到资本结构比较稳定，表现为稳健型的资产负债表整体结构。

(三) 主要项目分析

单击第4区中的任意报表项目，可在第5区分区图中查看所选年度该报表项目的余额趋势。资产项目中存货余额呈现波动的增长趋势，与收入的增长趋势基本一致，这与市场需求变化有关；货币资金、应收账款及固定资产呈稳定的增长趋势，公司在持续地进行资本维护和适度扩张。负债项目中，应收账款、应交税费等项目均呈现持续增长趋势，销售规模扩大时会使应付账款等债务规模扩大，应注意偿付时间，避免出现到期支付能力不足而影响公司信誉的情况发生。

三、资产负债表看板的Power BI实现过程

(一) 资产负债表分析相关度量值

资产负债表分析相关度量值及DAX函数如表5-3所示。

表5-3　资产负债表分析相关度量值及DAX函数

度量值名称	DAX函数
财务分析.资产负债表.本期余额	财务分析.资产负债表.本期余额 = DIVIDE(LASTNONBLANKVALUE('D 日期表' [Date], [财务分析.基础金额]), MAX('单位辅助表'[倍率]))
财务分析.资产负债表.年初余额	财务分析.资产负债表.年初余额 = VAR X = MAX('D 日期表'[年]) VAR Y = CALCULATE([财务分析.基础金额], 'D 日期表'[Date]= DATE(X-1,12,1)) RETURN DIVIDE(Y,MAX('单位辅助表'[倍率]))
财务分析.资产负债表.树状图	财务分析.资产负债表.树状图 = CALCULATE([财务分析.资产负债表.本期余额], TREATAS(VALUES('资产负债表树状图'[项目关联名称]), 'D 财务科目信息表'[项目关联名称]))
财务分析.资产负债表.增长额	财务分析.资产负债表.增长额 = [财务分析.资产负债表.本期余额]-[财务分析.资产负债表.年初余额]
财务分析.资产负债表.增长率	财务分析.资产负债表.增长率 = DIVIDE([财务分析.资产负债表.增长额], [财务分析.资产负债表.年初余额])
财务分析.资产负债表.本期负债总额	财务分析.资产负债表.本期负债总额 = CALCULATE([财务分析.资产负债表.本期余额], 'D 财务科目信息表'[项目关联名称]="负债合计")
财务分析.资产负债表.本期货币资金总额	财务分析.资产负债表.本期货币资金总额 = CALCULATE([财务分析.资产负债表.本期余额], 'D 财务科目信息表'[项目关联名称]="货币资金")
财务分析.资产负债表.本期流动负债总额	财务分析.资产负债表.本期流动负债总额 = CALCULATE([财务分析.资产负债表.本期余额], 'D 财务科目信息表'[项目关联名称]="流动负债合计")
财务分析.资产负债表.本期流动资产总额	财务分析.资产负债表.本期流动资产总额 = CALCULATE([财务分析.资产负债表.本期余额], 'D 财务科目信息表'[项目关联名称]="流动资产合计")
财务分析.资产负债表.本期权益总额	财务分析.资产负债表.本期权益总额 = CALCULATE([财务分析.资产负债表.本期余额],'D 财务科目信息表'[项目关联名称]="所有者权益合计")
财务分析.资产负债表.本期资产总额	财务分析.资产负债表.本期资产总额 = CALCULATE([财务分析.资产负债表.本期余额], 'D 财务科目信息表'[项目关联名称]="资产总计")
财务分析.资产负债表.年初负债总额	财务分析.资产负债表.年初负债总额 = CALCULATE([财务分析.资产负债表.年初余额], 'D 财务科目信息表'[项目关联名称]="负债合计")
财务分析.资产负债表.年初货币资金总额	财务分析.资产负债表.年初货币资金总额 = CALCULATE([财务分析.资产负债表.年初余额], 'D 财务科目信息表'[项目关联名称]="货币资金")
财务分析.资产负债表.年初流动负债总额	财务分析.资产负债表.年初流动负债总额 = CALCULATE([财务分析.资产负债表.年初余额], 'D 财务科目信息表'[项目关联名称]="流动负债合计")
财务分析.资产负债表.年初流动资产总额	财务分析.资产负债表.年初流动资产总额 = CALCULATE([财务分析.资产负债表.年初余额], 'D 财务科目信息表'[项目关联名称]="流动资产合计")
财务分析.资产负债表.年初权益总额	财务分析.资产负债表.年初权益总额 = CALCULATE([财务分析.资产负债表.年初余额], 'D 财务科目信息表'[项目关联名称]="所有者权益合计")
财务分析.资产负债表.年初资产总额	财务分析.资产负债表.年初资产总额 = CALCULATE([财务分析.资产负债表.年初余额], 'D 财务科目信息表'[项目关联名称]="资产总计")

在Power BI中，随着度量值数量的增加，模型会变得相对复杂且难以管理。为了更好地组织和管理这些度量值，可以使用文件夹来分类和组织度量值。以资产负债表分析中的度量值为例，在"模型视图"中选中相应的度量值(当有多个度量值时，可以按住Shift键进行多选)，在"属性"中设置主表为"M 财务分析度量值"，设置显示文件夹为"资产负债表\资产负债表.汇总金额"，此时所有选中的度量值都存放在"资产负债表"文件夹下的"资产负债表.汇总金额"子文件夹中，如图5-7所示。

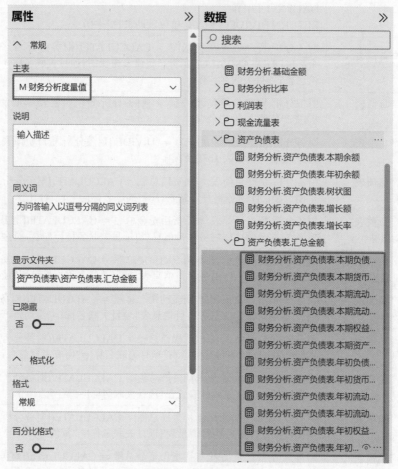

图 5-7　度量值分类

(二) 创建切片器

年份切片器：在可视化窗格中选择"切片器"，设置字段为"年"。在"视觉对象"选项中执行"切片器设置"|"选项"命令，设置样式为"下拉"，如图5-8所示。

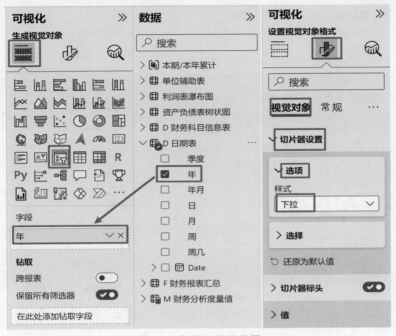

图 5-8 年份切片器设置

月份切片器：在可视化窗格中选择"切片器"，设置字段为"月"。在"视觉对象"选项中执行"切片器设置"|"选项"命令，设置样式为"磁贴"，如图5-9所示。

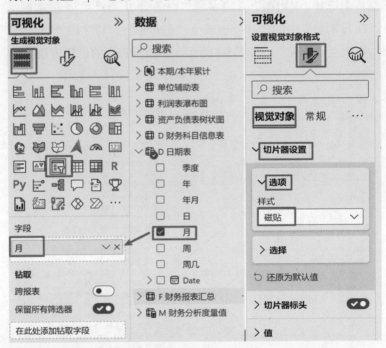

图 5-9 月份切片器设置

单位切片器：在可视化窗格中选择"切片器"，设置字段为"单位"，在"视觉对象"选项中执行"切片器设置"|"选项"命令，设置样式为"下拉"，如图5-10所示。

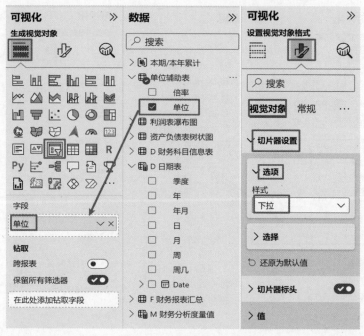

图 5-10　单位切片器设置

(二) 创建KPI图

在可视化窗格中选择"KPI图"，将字段"财务分析.资产负债表.本期资产总额"拖放至"值"，将"D 日期表"中的"月"拖放至"走向轴"，将字段"财务分析.资产负债表.年初资产总额"拖放至"目标"，如图5-11所示。其他KPI图的创建方法类似。

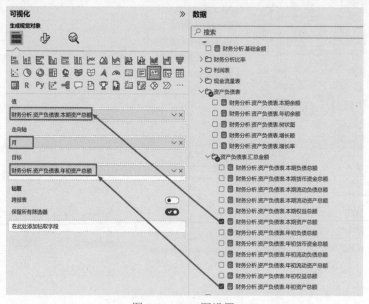

图 5-11　KPI 图设置

(三) 创建环形图

在可视化窗格中选择"环形图"，将字段"项目关联名称"拖放至"图例"，将字段

"财务分析.资产负债表.树状图"拖放至"值"。其他环形图的创建方法类似。在筛选器窗格中设置筛选类型为"前N个",显示项为"上5",即可显示金额前5的项目,如图5-12所示。

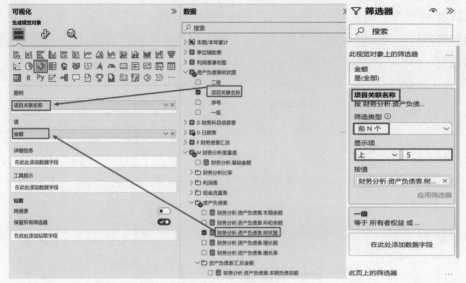

图 5-12　环形图设置

(四) 创建矩阵

在可视化窗格中选择"矩阵",将字段"报表项目名称""序号"拖放至"行",将字段"财务分析.资产负债表.本期余额""财务分析.资产负债表.年初余额""财务分析.资产负债表.增长额""财务分析.资产负债表.增长率"拖放至"值",如图5-13所示。其他矩阵的创建方法类似。

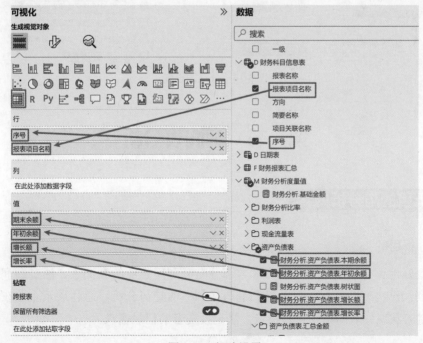

图 5-13　矩阵设置

(五) 创建分区图

在可视化窗格中选择"分区图"，将字段"月"拖放至"X轴"，将字段"财务分析.资产负债表.树状图"拖放至"Y轴"，将字段"项目关联名称"拖放至"小型序列图"，在筛选器窗格中，将一级设置为"资产"，如图5-14所示。此时分区图显示的就是资产项目的趋势图。负债项目分区图的创建方法类似。

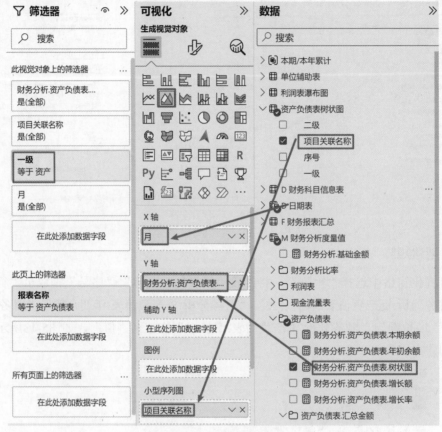

图 5-14　分区图设置

第三节　利润表分析

一、分析目的与分析内容

(一) 分析目的

为了更好地评估企业的盈利能力，本部分充分利用企业的利润表，通过利润额增减变动分析、利润结构变动分析，以及净利润与净利率的趋势分析，总体展示企业在一段时间内的财务健康状况，从而指导管理决策，满足投资者的信息需求。

(二) 分析内容

利润表分析看板如图5-15所示。该看板主要由切片器、矩阵、瀑布图、折线和堆积柱形图4个区域组成，具体如下。

第1区切片器，用于选取年份切片器、月份切片器和单位切片器。

第2区矩阵，总体展示企业利润各项目的增减情况。

第3区瀑布图，展示企业的利润结构。

第4区折线和堆积柱形图，展示企业净利润与净利率的变化趋势。

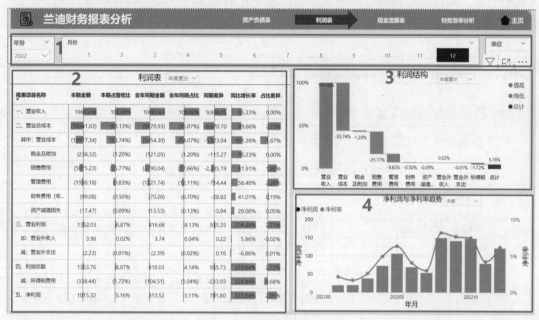

图 5-15　利润表分析看板

二、具体分析过程

利润表全面揭示了企业在某一特定时期实现的各种收入、发生的各种费用、成本或支出，以及实现的利润或发生的亏损情况。单击第2区、第3区、第4区上方的下拉按钮可以切换本期、季度累计和年度累计数据的显示。

(一) 水平分析

兰迪商贸2022年的营业利润、利润总额和净利润相比2021年均有显著的增长。调整切片器可以看到，净利润在2019年和2020年分别亏损143和148万元，2021年开始盈利并呈现大幅增长。2022年实现净利润1,015万元，比上年增长702万元，增长了224%，增长幅度较高，主要是利润总额增长935万引起的。营业利润是企业利润的主要来源，从417万元增长到1,352万元，增长了224%，由营业收入增加所致，营业收入比上年增加了9,606万元，增长率为95%。净利润和营业利润的显著增长表明公司的盈利能力在增强。营业收入的大幅增长也显示了公司在市场上的扩张和收入能力的增强。第4区折线和堆积柱形图显示公司

2022年净利润和净利率的变化趋势，在7月份和11月份经历了短暂的下滑，总体呈现上升趋势。

（二）垂直分析

从第3区瀑布图可以看出兰迪商贸2022年各项经营财务成果的构成情况。在利润表各项目的构成中，营业成本、销售费用和管理费用所占比重较大，分别为55.74%、25.77%和9.83%。营业利润占营业收入的比重为6.87%，比上年度的4.13%上升了2.74%，可见2022年盈利能力比上年度略有提高。进一步分析结构变化的原因，主要是销售费用、管理费用下降所致。可以识别出营业成本、销售费用和管理费用是成本控制的重点。

三、利润表看板的Power BI实现过程

（一）利润表分析相关度量值

利润表分析相关度量值及DAX函数如表5-4所示。

表5-4 利润表分析相关度量值及DAX函数

度量值名称	DAX函数
财务分析.利润表.本期金额	财务分析.利润表.本期金额 = IF(SELECTEDVALUE('D 财务科目信息表'[方向])="借", -[财务分析.利润表.基础金额],[财务分析.利润表.基础金额])
财务分析.利润表.本期占比	财务分析.利润表.本期占比 = DIVIDE([财务分析.利润表.本期金额],CALCULATE([财务分析.利润表.本期金额], 'D 财务科目信息表'[项目关联名称]="一、营业收入", ALL('D 财务科目信息表')))
财务分析.利润表.基础金额	财务分析.利润表.基础金额 = DIVIDE([财务分析.基础金额], MAX('单位辅助表'[倍率]))
财务分析.利润表.净利率	财务分析.利润表.净利率 = CALCULATE([财务分析.利润表.本期占比], 'D 财务科目信息表'[项目关联名称]="五、净利润")
财务分析.利润表.净利润	财务分析.利润表.净利润 = CALCULATE([财务分析.利润表.本期金额], 'D 财务科目信息表'[项目关联名称]="五、净利润")
财务分析.利润表.毛利率	财务分析.利润表.毛利率 = DIVIDE(CALCULATE([财务分析.利润表.基础金额], 'D 财务科目信息表'[项目关联名称]="一、营业收入")- CALCULATE([财务分析.利润表.基础金额], 'D 财务科目信息表'[项目关联名称]="其中：营业成本"), CALCULATE([财务分析.利润表.基础金额], 'D 财务科目信息表'[项目关联名称]="一、营业收入"))
财务分析.利润表.瀑布图	财务分析.利润表.瀑布图 = CALCULATE([财务分析.利润表.本期占比], TREATAS(VALUES('利润表瀑布图'[项目关联名称]), 'D财务科目信息表'[项目关联名称]))
财务分析.利润表.去年同期金额	财务分析.利润表.去年同期金额 = CALCULATE([财务分析.利润表.本期金额], SAMEPERIODLASTYEAR('D 日期表'[Date]))
财务分析.利润表.去年同期占比	财务分析.利润表.去年同期占比 = CALCULATE([财务分析.利润表.本期占比],SAMEPERIODLASTYEAR('D 日期表'[Date]))

(续表)

度量值名称	DAX函数
财务分析.利润表.同比增长率	财务分析.利润表.同比增长率 = DIVIDE([财务分析.利润表.同期差异], [财务分析.利润表.去年同期金额])
财务分析.利润表.同期差异	财务分析.利润表.同期差异 = [财务分析.利润表.本期金额]-[财务分析.利润表.去年同期金额]
财务分析.利润表.占比差异	财务分析.利润表.占比差异 = [财务分析.利润表.本期占比]-[财务分析.利润表.去年同期占比]

(二) 创建矩阵

在可视化窗格中选择"矩阵"，将字段"序号"和"报表项目名称"拖放至"行"，将字段"财务分析.利润表.本期金额""财务分析.利润表.本期占比""财务分析.利润表.去年同期金额""财务分析.利润表.去年同期占比""财务分析.利润表.同比增长率""财务分析.利润表.同期差异""财务分析.利润表.占比差异"拖放至"值"，在筛选器窗格中将此页上的筛选器设置为"等于利润表"，如图5-16所示。

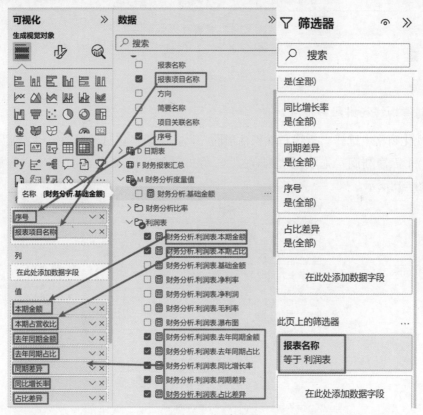

图 5-16　矩阵设置

(三) 创建瀑布图

在可视化窗格中选择"瀑布图"，将字段"显示名称"拖放至"类别"，将字段"财务分析.利润表.瀑布图"拖放至"Y轴"，如图5-17所示。

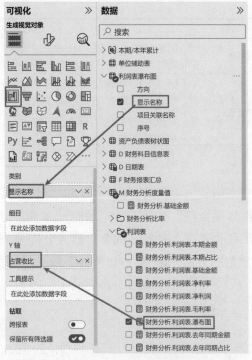

图 5-17　瀑布图设置

(四) 创建折线和堆积柱形图

在可视化窗格中选择"折线和堆积柱形图"，将字段"年月"拖放至"X轴"，将"财务分析.利润表.净利润"拖放至"列y轴"，将"财务分析.利润表.净利率"拖放至"行y轴"，如图5-18所示。

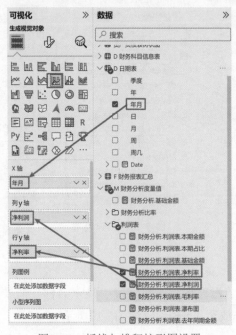

图 5-18　折线与堆积柱形图设置

第四节　现金流量表分析

一、分析目的与分析内容

(一) 分析目的

为了评估企业在特定时期内的现金流入和流出情况,本部分充分利用企业的现金流量表,从现金流量表项目的增减变动、现金余额结构、现金净额趋势变动三个方面进行分析,帮助该企业决策层了解企业的资金流动性、偿债能力和财务灵活性。

(二) 分析内容

现金流量表分析看板如图5-19所示。该看板主要由切片器、矩阵、瀑布图和分区图4个区域组成,具体如下。

第1区切片器,用于选取年份切片器、月份切片器和单位切片器。

第2区矩阵,总体展示企业现金流量各项目的增减情况。

第3区瀑布图,展示企业的现金余额结构。

第4区分区图,展示企业经营活动净额趋势、投资活动净额趋势和筹资活动净额趋势。

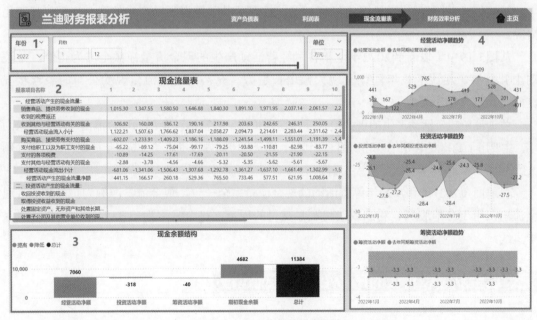

图 5-19　现金流量表分析看板

二、具体分析过程

企业需要获得现金流量完成整个经营循环,现金流量表能够提供企业获得最终现金流的情况,现金流量表分析应关注经营现金流的充分性,投资现金流及筹资现金流的结构和方向。

(一) 水平分析

兰迪商贸2022年现金净增加额为6,702.31万元，其中经营活动产生的现金流量净额为7,059.98万元，投资活动产生的现金流量净额为-317.68万元，筹资活动产生的现金流量净额为-40万元。相比2021年，净现金流量增加了3,740.51万元，经营活动、投资活动和筹资活动产生的净现金流量的变动额分别是3,739.77万元、0.74万元和0万元，可以看出净现金流量的增长主要来源于经营活动。经营活动现金流入和现金流出分别比去年增长了11,955.12万元和8,215.35万元，增长率为96.15%和90.14%，经营活动现金流入的增长快于现金流出的增长，致使经营活动的现金流量有了大幅增长。

(二) 垂直分析

兰迪商贸2022年现金流入总量为24,388.90万元，其中全部为经营活动现金流入量，可见现金流入量完全由经营活动产生，经营活动现金流入量中销售商品、提供劳务收到的现金占较大比重。现金流出总量为17,686.59万元，其中经营活动、投资活动和筹资活动现金流出量所占比重分别为98%、1.8%和0.2%，可见经营活动现金流出量所占比重最大，经营活动现金流出量中购买商品、接受劳务支付的现金占比较大。

(三) 主要项目分析

第4区分区图展示了兰迪商贸经营活动、投资活动和筹资活动产生的现金流量趋势变化情况。

从图5-19中可以看到2022年全年各月经营活动产生的现金流量净额全部为正值，呈波动上升趋势，相比于去年同期呈现大幅增长趋势。充裕的现金流量说明公司的经营状况良好。

兰迪商贸投资活动产生的现金流量净额均为负值，投资活动全部为现金流出，现金流入为零，主要用于购建固定资产、无形资产和其他长期资产等对内投资活动。与去年同期现金流量净额大致相同。

兰迪商贸2021年和2022年筹资活动的现金流量完全一致，现金流量净额为负，全部为现金流出，用于分配股利、利润或偿付利息支付的现金，每个月均为-3.33万元，趋势呈现水平直线。

三、现金流量表看板的Power BI实现过程

(一) 现金流量表分析相关度量值

现金流量表分析相关度量值及DAX函数如表5-5所示。

表5-5 现金流量表分析相关度量值及DAX函数

度量值名称	DAX函数
财务分析.现金流量表.本期金额	财务分析.现金流量表.本期金额 = VARX = SELECTEDVALUE('D 财务科目信息表'[项目关联名称]) VARY = SWITCH(TRUE(), X="加：期初现金及现金等价物余额",FIRSTNONBLANKVALUE('D 日期表'[Date],[财务分析.现金流量表.基础金额]), X="六、期末现金及现金等价物余额",LASTNONBLANKVALUE('D 日期表'[Date],[财务分析.现金流量表.基础金额]),[财务分析.现金流量表.基础金额]) RETURNIF(SELECTEDVALUE('D 财务科目信息表'[方向])="借",Y,-Y)
财务分析.现金流量表.筹资活动净额	财务分析.现金流量表.筹资活动净额 = CALCULATE([财务分析.现金流量表.本期金额], 'D财务科目信息表'[简要名称]="筹资活动净额")
财务分析.现金流量表.基础金额	财务分析.现金流量表.基础金额 = DIVIDE([财务分析.基础金额],MAX('单位辅助表'[倍率]))
财务分析.现金流量表.经营活动净额	财务分析.现金流量表.经营活动净额 = CALCULATE([财务分析.现金流量表.本期金额], 'D 财务科目信息表'[简要名称]="经营活动净额")
财务分析.现金流量表.瀑布图排序	财务分析.现金流量表.瀑布图排序 = SUM('D 财务科目信息表'[序号])
财务分析.现金流量表.去年同期筹资活动净额	财务分析.现金流量表.去年同期筹资活动净额 = CALCULATE([财务分析.现金流量表.筹资活动净额],SAMEPERIODLASTYEAR('D 日期表'[Date]))
财务分析.现金流量表.去年同期经营活动净额	财务分析.现金流量表.去年同期经营活动净额 = CALCULATE([财务分析.现金流量表.经营活动净额],SAMEPERIODLASTYEAR('D 日期表'[Date]))
财务分析.现金流量表.去年同期投资活动净额	财务分析.现金流量表.去年同期投资活动净额 = CALCULATE([财务分析.现金流量表.投资活动净额],SAMEPERIODLASTYEAR('D 日期表'[Date]))
财务分析.现金流量表.投资活动净额	财务分析.现金流量表.投资活动净额 = CALCULATE([财务分析.现金流量表.本期金额], 'D财务科目信息表'[简要名称]="投资活动净额")

(二) 创建矩阵

在可视化窗格中选择"矩阵"，将字段"序号"和"报表项目名称"拖放至"行"，将字段"月"拖放至"列"，将字段"财务分析.现金流量表.本期金额"拖放至"值"，如图5-20所示。在筛选器窗格中将此页上的筛选器设置为"等于现金流量表"。

(三) 创建瀑布图

在可视化窗格中选择"瀑布图"，将字段"简要名称"拖放至"类别"，将字段"财务分析.现金流量表.本期金额"拖放至"Y轴"，将字段"财务分析.现金流量表.瀑布图排序"拖放至"工具提示"，如图5-21所示。

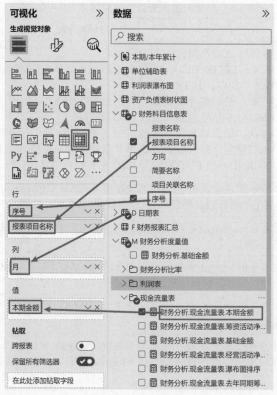

图 5-20　矩阵设置

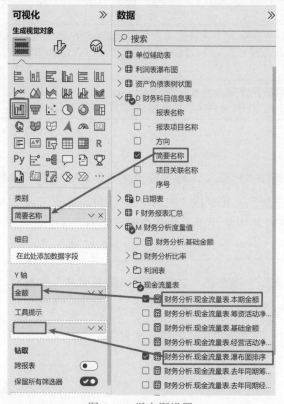

图 5-21　瀑布图设置

(四) 创建分区图

在可视化窗格中选择"分区图",将字段"Date"拖放至"X轴",将"财务分析.现金流量表.经营活动净额"和"财务分析.现金流量表.去年同期经营活动净额"拖放至"Y轴",如图5-22所示。

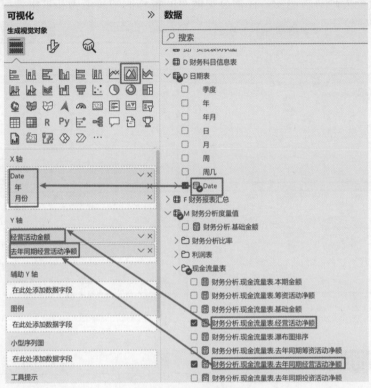

图 5-22　分区图设置

第五节　财务效率分析

一、分析目的与分析内容

(一) 分析目的

本部分充分利用企业的三大财务报表,选取盈利能力、偿债能力、营运能力和发展能力四大效率指标体系进行分析,帮助企业总体评估是否有效地利用其资源和资产来创造收入和利润。

(二) 分析内容

财务效率分析看板如图5-23所示。该看板主要由切片器、偿债能力趋势折线图、盈利能力趋势折线图、营运能力趋势折线图和发展能力趋势折线图5个区域组成,具体如下。

第1区切片器,用于选取年份切片器、月份切片器和单位切片器。

第2区偿债能力趋势折线图，总体展示公司在短期和长期偿还其债务的能力。

第3区盈利能力趋势折线图，评估公司从销售商品中获得收入的效率。

第4区营运能力趋势折线图，评估公司如何有效地管理日常运营和资源，以实现产出和收入的最大化。

第5区发展能力趋势折线图，评估公司随时间推移的增长潜力和扩张效率。

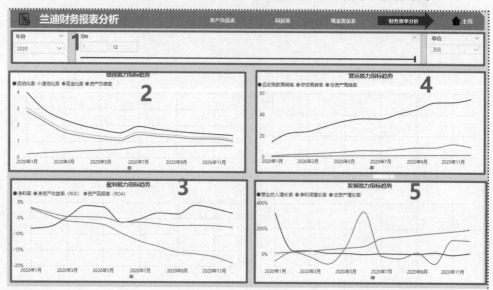

图 5-23　财务效率分析看板

二、具体分析过程

调整第1区切片器，可以选取不同年份展示偿债能力、盈利能力、营运能力和发展能力趋势折线图。

(一) 偿债能力分析

短期偿债能力可以用流动比率、速动比率和现金比率并结合行业对比来分析，长期偿债能力可以通过资产负债率来分析。从第2区偿债能力趋势折线图可以看到，2022年流动比率、速动比率和现金比率比较稳定，均维持在1左右，公司内部存在大量货币资金，资金的使用效率不高。相比于前两年，均有下降趋势，说明公司的短期偿债能力有所下降。资产负债率呈逐渐上升趋势，近两年基本在76%～86%左右，资产负债率较高，长期偿债能力风险较大。

(二) 盈利能力分析

从第3区盈利能力趋势折线图可以看出，兰迪商贸的净利率、净资产收益率和资产回报率均呈现平稳增长趋势，在2019和2020年一直为负，2021年扭亏为盈开始逐渐上升，净利率达到6.17%，净资产收益率达66.37%，资产回报率达9.5%，表明公司的经营状况逐渐好转，盈利能力不断增强。

(三) 营运能力分析

从第4区营运能力趋势折线图可以看出，兰迪商贸的应收账款周转率、存货周转率和总资产周转率一直在增长，增长趋势大致相符，总资产周转率由0.13增长到1.84，存货周转率由0.69增长到9.48，应收账款周转率由2.71增长到39，表明公司的营运能力逐渐增强。

(四) 发展能力分析

发展能力通常指企业未来生产经营活动的发展趋势和发展潜能，通常使用增长率来进行发展能力分析。总体来看，兰迪商贸销售规模不断扩大，从增长幅度来看，第5区发展能力趋势折线图显示营业收入增长率呈波动略有下降趋势。对比近三年的净利润增长率，可以发现兰迪商贸的净利润增长率年度之间变化较大。总资产增长率呈持续增长趋势，资产增长率均为正值，说明资产投入一直保持增长，资产规模不断扩大。

三、财务效率看板的Power BI实现过程

(一) 财务效率分析相关度量值

财务效率分析相关度量值及DAX函数如表5-6所示。

表5-6 财务效率分析相关度量值及DAX函数

度量值名称	DAX函数
财务分析.基础金额	财务分析.基础金额 = SUM('F 财务报表汇总'[金额])
财务分析.指标分析.存货周转率	财务分析.指标分析.存货周转率 = DIVIDE (　　CALCULATE (　　　　[财务分析.利润表.基础金额], 　　　　DATESYTD ('D 日期表'[Date]), 　　　　'D 财务科目信息表'[项目关联名称] = "其中：营业成本" 　　), 　　DIVIDE (　　　　CALCULATE ([财务分析.资产负债表.年初余额], 'D 财务科目信息表'[项目关联名称] = "存货") 　　　　+ CALCULATE ([财务分析.资产负债表.本期余额], 'D 财务科目信息表'[项目关联名称] = "存货"), 2))
财务分析.指标分析.净利润增长率	财务分析.指标分析.净利润增长率 = DIVIDE (　　[财务分析.利润表.净利润] 　　　　-CALCULATE ([财务分析.利润表.净利润], DATEADD ('D 日期表'[Date], -1, MONTH)), 　　CALCULATE ([财务分析.利润表.净利润], DATEADD ('D 日期表'[Date], -1, MONTH)))

(续表)

度量值名称	DAX函数

财务分析.指标分析.净资产收益率(ROE)	财务分析.指标分析.净资产收益率(ROE) = DIVIDE (
	    CALCULATE ([财务分析.利润表.净利润], DATESYTD ('D 日期表'[Date])),
	    DIVIDE ([财务分析.资产负债表.年初权益总额] + [财务分析.资产负债表.本期权益总额], 2)
	)

财务分析.指标分析.应收账款周转率	财务分析.指标分析.应收账款周转率 = DIVIDE (
	    CALCULATE (
	      [财务分析.利润表.基础金额],
	      DATESYTD ('D 日期表'[Date]),
	      'D 财务科目信息表'[项目关联名称] = "一、营业收入"
	    ),
	    DIVIDE (
	      CALCULATE ([财务分析.资产负债表.年初余额], 'D 财务科目信息表'[项目关联名称] = "应收账款")
	      + CALCULATE ([财务分析.资产负债表.本期余额], 'D 财务科目信息表'[项目关联名称] = "应收账款"), 2)
	)

财务分析.指标分析.营业收入增长率	财务分析.指标分析.营业收入增长率 = DIVIDE (
	    CALCULATE ([财务分析.利润表.基础金额], 'D 财务科目信息表'[项目关联名称] = "一、营业收入")
	    -CALCULATE ([财务分析.利润表.基础金额],
	'D 财务科目信息表'[项目关联名称] = "一、营业收入",
	DATEADD ('D 日期表'[Date], -1, MONTH)
	    ),
	    CALCULATE (
	      [财务分析.利润表.基础金额],
	      'D 财务科目信息表'[项目关联名称] = "一、营业收入",
	DATEADD ('D 日期表'[Date], -1, MONTH)
	    )
	)

财务分析.指标分析.资产回报率(ROA)	财务分析.指标分析.资产回报率(ROA) = DIVIDE (
	    CALCULATE ([财务分析.利润表.净利润], DATESYTD ('D 日期表'[Date])),
	    DIVIDE ([财务分析.资产负债表.年初资产总额] + [财务分析.资产负债表.本期资产总额], 2)
	)

财务分析.指标分析.总资产增长率	财务分析.指标分析.总资产增长率 = CALCULATE ([财务分析.资产负债表.增长率], 'D 财务科目信息表'[项目关联名称] = "资产总计")

财务分析.指标分析.总资产周转率	财务分析.指标分析.总资产周转率 = DIVIDE (
	    CALCULATE (
	      [财务分析.利润表.基础金额],
	      DATESYTD ('D 日期表'[Date]),
	      'D 财务科目信息表'[项目关联名称] = "一、营业收入"
	    ),
	    DIVIDE ([财务分析.资产负债表.年初资产总额] + [财务分析.资产负债表.本期资产总额], 2)
	)

(续表)

度量值名称	DAX函数
财务分析.资产负债表.本期产权比率	财务分析.资产负债表.本期产权比率 = DIVIDE([财务分析.资产负债表.本期负债总额],[财务分析.资产负债表.本期权益总额])
财务分析.资产负债表.本期流动比率	财务分析.资产负债表.本期流动比率 = DIVIDE([财务分析.资产负债表.本期流动资产总额],[财务分析.资产负债表.本期流动负债总额])
财务分析.资产负债表.本期速动比率	财务分析.资产负债表.本期速动比率 = DIVIDE([财务分析.资产负债表.本期流动资产总额]-CALCULATE([财务分析.资产负债表.本期余额],'D 财务科目信息表'[项目关联名称]="存货"), [财务分析.资产负债表.本期流动负债总额])
财务分析.资产负债表.本期现金比率	财务分析.资产负债表.本期现金比率 = DIVIDE([财务分析.资产负债表.本期货币资金总额],[财务分析.资产负债表.本期流动负债总额])
财务分析.资产负债表.本期营运资本	财务分析.资产负债表.本期营运资本 = [财务分析.资产负债表.本期流动资产总额]-[财务分析.资产负债表.本期流动负债总额]
财务分析.资产负债表.本期资产负债率	财务分析.资产负债表.本期资产负债率 = DIVIDE([财务分析.资产负债表.本期负债总额],[财务分析.资产负债表.本期资产总额])
财务分析.资产负债表.年初产权比率	财务分析.资产负债表.年初产权比率 = DIVIDE([财务分析.资产负债表.年初负债总额],[财务分析.资产负债表.年初权益总额])
财务分析.资产负债表.年初流动比率	财务分析.资产负债表.年初流动比率 = DIVIDE([财务分析.资产负债表.年初流动资产总额],[财务分析.资产负债表.年初流动负债总额])
财务分析.资产负债表.年初速动比率	财务分析.资产负债表.年初速动比率 = DIVIDE([财务分析.资产负债表.年初流动资产总额]- CALCULATE([财务分析.资产负债表.年初余额],'D 财务科目信息表'[项目关联名称]="存货"), [财务分析.资产负债表.年初流动负债总额])
财务分析.资产负债表.年初现金比率	财务分析.资产负债表.年初现金比率 = DIVIDE([财务分析.资产负债表.年初货币资金总额],[财务分析.资产负债表.年初流动负债总额])
财务分析.资产负债表.年初营运资本	财务分析.资产负债表.年初营运资本 = [财务分析.资产负债表.年初流动资产总额]-[财务分析.资产负债表.年初流动负债总额]
财务分析.资产负债表.年初资产负债率	财务分析.资产负债表.年初资产负债率 = DIVIDE([财务分析.资产负债表.年初负债总额], [财务分析.资产负债表.年初资产总额])

(二) 创建折线图

在可视化窗格中选择"折线图"，将字段"Date"拖放至"X轴"，将"财务分析.资产负债表.本期流动比率""财务分析.资产负债表.本期速动比率""财务分析.资产负债表.本期现金比率""财务分析.资产负债表.本期资产负债率"拖放至"Y轴"，如图5-24所示。其他折线图的创建方法类似。

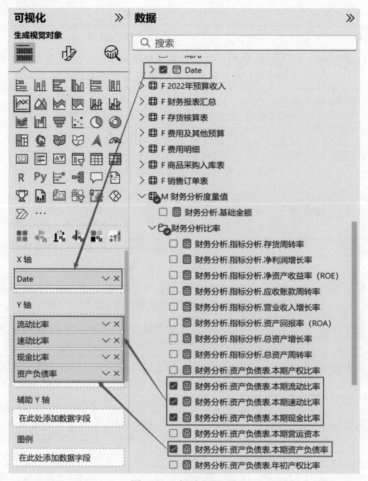

图 5-24　折线图设置

第六章 库存分析

第一节　库存分析思路

一、分析思路

库存对商贸企业的重要性不言而喻。它直接关系到企业的运营效率、客户满意度、财务状况和竞争力。正确管理库存可以满足客户需求，避免生产和采购中断，提高供应链效率，降低库存成本，最大化库存的盈利性，并降低风险。库存数据还为企业提供了有关销售趋势、产品流行度和市场需求的重要信息，支持战略决策和销售策略的制定。综合来说，库存管理是商贸企业成功经营的关键因素之一，它要求企业在库存趋势分析、库存结构分析、库龄分析和库存预测分析等方面做出正确的决策和优化，以确保企业能够实现长期的可持续增长，保持竞争优势。

库存趋势分析是为了深入研究库存的周转效率，以确定哪个月份表现出色，并分析库存的变化趋势。这种分析包括以下关键方面：库存趋势分析、存销比趋势分析、售罄率趋势分析和周转天数趋势分析。综合这些分析，企业可以更好地了解库存的动态，优化库存管理策略，确保在不同时间段内满足市场需求，提高库存的周转效率，使利润最大化。库存趋势分析可视化概览如图6-1所示。

存货管理不仅可以基于类别，也可依据价值进行分类，划分为高价值、中价值和低价值存货。这种分类允许企业针对不同价值的存货实施差异化管理策略，以提高效率和成本效益。

对于高价值存货，应进行密集监控和频繁盘点。这类存货常涉及显著的投资和较高的风险，因此，必须严格管理供应链以确保供应的连续性和产品的质量。高价值存货的管理还应包括质量控制和定期的库存策略评估。供货商的选择至关重要，应优先考虑那些能够保证生产安排的灵活性、质量控制的严格性，以及较低的退货率的供应商。

中价值存货的管理可以保持适度关注。对于这类存货，保持合理的库存水平至关重要，库存量可以适当高于市场需求。此外，考虑多元化供应商策略，以增强供应链的弹性和替代性，从而应对市场变化和潜在的供应风险。

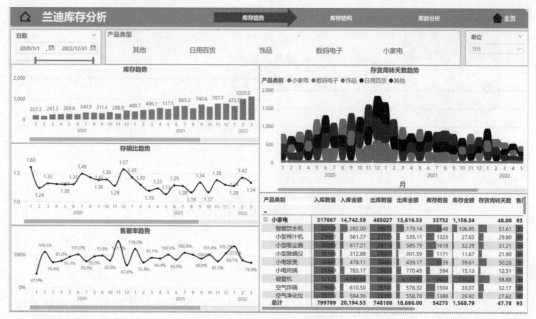

图 6-1　库存趋势分析可视化概览

低价值存货通常可采用更简化的盘点方法，定期补充即可。由于这类存货的成本较低，管理策略可侧重于减少操作复杂性和成本，同时保证基本的供应安全。

在进行库存结构分析时，关键是分析每年不同产品类别的库存金额，以及不同价值产品的金额和数量结构。这种分析有助于揭示库存管理的效率和潜在的改进领域，同时为制定更有效的库存策略提供依据。通过这种分层管理方法，企业可以更好地平衡成本、风险和效率，同时确保满足不同类型存货的需求。库存结构分析可视化概览如图6-2所示。

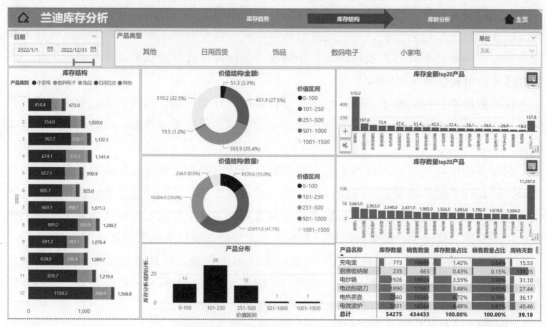

图 6-2　库存结构分析可视化概览

在进行库龄分析时，必须考虑库存周转天数和库龄之间的关系。库龄较短通常意味着存货周转快速，但这两者并非总成正比关系。库龄的增长源于早期批次的存货积压，即便总体周转率良好。这时，结合存销比和售罄率等其他指标进行分析就显得至关重要。售罄率高于100%表明销售量超过了采购量，但如果库龄依旧较高，则需深入分析滞销批次，以识别和解决问题。

因此，库龄指标的合理管理应基于周转效率的全面分析，这包括了解库存的销售动态和采购模式，并对滞销批次进行单独处理。只有这样，企业才能确保库存的健康，优化资金流，并增强市场竞争力。库龄分析可视化概览如图6-3所示。

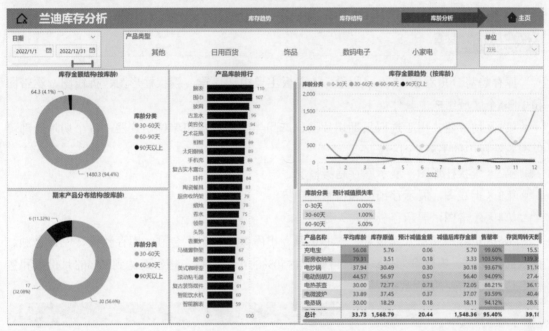

图 6-3 库龄分析可视化概览

二、数据源及数据建模

(一) 数据源

库存分析中需要的维度表有D 产品表；需要的事实表有F商品采购入库表、F存货核算表；需要的辅助表有D 日期表和单位辅助表。数据表分类如表6-1所示。

表6-1 数据表分类

数据表种类	数据表名称
维度表	D 产品表
事实表	F商品采购入库表、F存货核算表
辅助表	D 日期表和单位辅助表

(二) 关系建模

将数据表进行建模分析，库存分析中数据表之间的关联关系如表6-2所示。

表6-2　数据表之间的关联关系

关系表	关联字段	关联
D 日期表与F商品采购入库表	Date与入库日期	一对多
D 产品表与F 商品采购入库表	产品ID	一对多
D 日期表与F存货核算表	年月	多对多
D 产品表与F存货核算表	产品ID	一对多

第二节　库存趋势分析

一、分析内容

库存趋势分析看板如图6-4所示。该看板主要由切片器、簇状柱形图、折线图、丝带图和矩阵5个区域组成，具体如下。

第1区切片器，用于选取日期切片器、产品类型切片器和单位切片器，每个切片器都可以影响看板中的另外4个区域。

第2区簇状柱形图，展示库存趋势情况。

第3区折线图，展示存销比和售罄率趋势。

第4区丝带图，展示存货周转天数趋势。

第5区矩阵，展示入库数量、入库金额、出库数量、出库金额、库存数量、库存金额、存货周转天数、售罄率、存销比、售罄率达50%的平均天数、售罄率达到50%的月份数和售罄率达到50%的占比等数据。

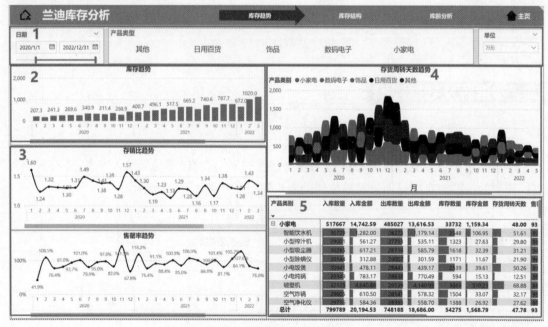

图 6-4　库存趋势分析看板

二、具体分析过程

(一) 库存趋势分析

库存金额是绝对值，它反映了库存在资金占用方面的趋势变化。对于零售业来说，库存管理一直是一个首要而又复杂的任务。库存水平过高会占用大量资金，对现金流造成威胁；然而，如果库存过低，就会导致供应链中断，影响市场供应。现代管理学倾向于认为，零库存是最理想的库存管理状态。尽管零库存具有各种优点，但实际操作难度较大。一些企业成功实现了零库存管理，这依赖于它们的业务模型(如红领集团专注于西服定制)或独特的营销策略(如小米的饥饿营销)。然而，这些案例通常缺乏广泛可复制性，因此大多数企业仍然需要面对实际操作零库存所涉及的技术挑战。要实现库存管理的成功，企业需要不断地监测和优化库存水平，以适应不断变化的市场条件和业务需求。

从兰迪商贸的库存趋势图(见图6-5)来看，从2020年开始，库存金额呈现波动性增长。2020年第一季度的库存金额最低，随后逐月增加，到了2021年第三季度达到一个较高的峰值。之后有所下降，但在2022年又呈现整体上升的趋势，特别是在2022年12月，库存金额达到了历史最高点1,568万元。库存从2020年的一个较低点逐步增加，表明公司在扩大库存以应对增长的销售规模或预期的市场需求。

图 6-5　库存趋势图

但是，单纯地凭借库存趋势分析并不足以判断兰迪商贸是否应该降库存。兰迪商贸是通过线上自营、线上代理、线下代理等方式进行市场运作的零售企业，其库存构成一般包括三种情况：一是产成品仓库内的备销、滞销及残次品存货；二是渠道内的存货，包括直营店存货和经销商存货；三是在途存货，即在物流环节的存货。显然，滞销、残次品等属于需要处理的不合理库存。因此，若要真正反映兰迪商贸的库存优劣，需要结合下一步的库存结构(过季产品与新货的比例)进行详细分析。

(二) 存销比趋势分析

存销比(库销比)是一个检验单位销售背后有多少库存来支撑的指标，是指在一个周期内，商品平均库存或本周期期末库存与周期内总销售的比值，是用来反映商品即时库存状况的相对数。具体计算公式是存销比=(期初库存金额+当期采购金额)÷销售金额。比率高说明库存量积压较大，销售不佳；比率低会导致欠储成本(欠储成本也叫机会成本，是当某产品卖断货之后，本来可以产生利润，但是断货没有办法销售，变相产生的一种损失)的增加，从而导致销售未能实现最大化。存销比的设置是否科学合理，一是决定了订单供货是否能够真正实现向订单生产延伸；二是决定了企业是否能够真正做到适应市场、尊重市场，响应订单；三是决定了在管理时库存企业能否真正做到满足市场、不积压。存销比在多少区间是比较合理的呢？不同的行业有不同的标准，一般是1~4。

从兰迪商贸的存销比趋势图(见图6-6)来看，该企业的存销比在历史跨度内表现出明显的优化趋势，特别是在2022年，存销比的平均水平得到显著改善，平均稳定在1.3以下，5—10月维持在1.09~1.26的低波动区间。这一趋势反映了企业在库存与销售之间实现了更加精确的平衡管理。2022年12月轻微上升至1.35，预示着对即将到来的销售高峰期的积极准备。

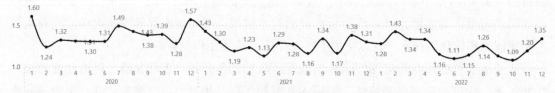

图 6-6　存销比趋势图

在过去三年的时间里，企业销售收入不断攀升，这表明营销和促销策略不仅高效而且成效显著，成功地提高了销售转化率并有效减轻了库存压力。这种策略的实施，无疑是使存销比下降的核心动力。

为确保可持续性、应对市场的动态变化，企业必须持续监控存销比，以便使库存水平与销售策略相匹配，实现库存的优化。同时，对市场趋势保持敏感，及时调整库存策略，以灵活应对消费者需求的演变，是确保企业在竞争中保持领先的关键。这种策略的灵活性和适应性将对企业的长期健康和增长至关重要。

(三) 售罄率趋势分析

存销比指标并非特别完善，因此引入了售罄率作为补充。售罄率是一个数量指标，计算公式为"当期销售数量÷当期采购数量"。那么，存销比和售罄率之间有何区别和联系呢？存销比的计算公式是"(期初库存金额＋当期采购金额)÷销售金额"，其中的期初库存金额反映了历史库存因素，而售罄率则仅代表当期的销售表现。存销比是基于金额的比值。例如，一个产品成本为100元，但因滞销而打折处理，折价后总共销售了20元，存销比达到5，表面上看存销比很高，似乎显示出产品积压严重，但实际上存销比无法全面反映库存的变化情况。这时可以参考售罄率，售罄率与金额无关，反映的是当期的销售状况。当售罄率超过100%时，表明正在处理部分库存，即销售的包含了以前的库存。因此，售罄率和存销比两个指标可以很好地互补。

从兰迪商贸的售罄率趋势图(见图6-7)来看，2020年企业的售罄率在1月份以相对较低的41.9%起步，这反映了年初库存水平较高。然而，这一比率在2月份迅速攀升至108.5%，其显著增长是由于新年后销售活动的增加，使得之前的库存得以迅速售出。此外，售罄率超过100%的情况表明销售量超出了当期开始的库存量，企业成功地销售了之前积压的库存。

图 6-7　售罄率趋势图

　　从2022年3月起，售罄率稳定在80%以上，这表明了公司的销售情况相对稳定，库存管理与市场需求之间达到了较好的匹配。值得注意的是，在2022年中有五个月的售罄率超过了100%，这进一步证实了公司不仅能够维持一定水平的销售量，还能够处理积压的库存，从而保持资金流的健康循环。

　　通过售罄率趋势分析，并结合企业的销售和库存数据，可以得知：企业能够在关键月份实现库存的高效转换，这得益于有效的销售策略和市场活动。当售罄率超过100%时表明企业实施了积极的库存清理措施，有意识地减少库存以释放资金。综上所述，兰迪商贸在销售和库存管理方面具有积极的业绩表现。为了进一步优化运营，兰迪商贸应该继续监控售罄率，同时深入分析销售数据，以识别和把握市场机会，并优化库存水平，以提高资金利用率、减少潜在的库存风险。

(四) 周转天数趋势分析

　　存货周转天数(days inventory outstanding)是指企业从取得存货开始，至消耗、销售为止所经历的天数，可以通过企业一定时期(通常为1年)内销售成本与平均存货之间的比例关系计算得到。存货周转天数越少，说明存货变现的速度越快，存货占用资金的时间越短，存货管理工作的效率越高。同时，存货周转天数越少，存货周转率越高，表明存货流动性越好。而在公司的流动资产中，存货所占比重较大，公司存货的流动性将直接影响公司的流动比率。一般而言，公司存货的周转速度越快，存货流动性就越强，存货的变现速度越快。因此，提高存货周转率、减少存货周转天数，可以提高公司的变现能力。存销比反映的是库存金额和销售金额之间的关系，售罄率反映的是采购数量和销售数量之间的关系，周转天数反映的是成本和成本之间的关系，存货周转天数=当期平均库存金额÷当期销售成本×天数，天数是统计分析的周期天数，如果想了解每月的趋势，那么这个统计周期的天数就是30天或31天，它的意义是如果每天都以同样的速度售卖存货，那么平均多少天可以售完全部存货。存货周转天数越少，代表存货周转的速度越快，对企业流动资金的占用就越少。这个值也并不是越小越好，如果太小了，就说明企业的存货太少了，不能满足销售需要，与存销比指标相似，需要控制在合理的区间范围内，唯独售罄率指标是越高越好。通过这三个指标，能够观察到产品的周转水平和周转的趋势状态。

　　一个基础常识就是不同行业的存货周转天数是不同的，对于商贸零售企业来讲，如果销售的是大型家电，周转天数就相对较高，而兰迪商贸的主营产品是小家电，单价较低，购买决策过程较短，消费者购买频率较高，且通常不需要大量存储空间。根据市场情况和行业标准，小家电的存货周转天数通常为30~90天，一些高效运营的零售商甚至有更短的周转天数。

周转天数具体怎么计算呢？例如，一个店铺一个月的销售额为10万元，周转天数是60天，就要准备20万元的库存。因此将自己的店铺同向进行比较，很容易发现问题。现在我们已经知道了一个店铺的周转天数的核算方法，那么具体品类的周转天数又如何计算呢？例如，一个店铺的周转天数是60天，不能代表各品类的周转是合理的，还需要核算店铺中每个品类的周转天数，好卖的品类周转天数会偏低，不好卖的品类会偏高。按这种分析方法来分析品类的周转是否合理。从周转天数分析来看，周转天数并不是越低越好或越高越不好，而是要维持在一个合理的水平。如果周转天数太高，那就证明店铺经营效益不高，若周转天数太少，店铺就会严重缺货，因此不能一概而论。

从兰迪商贸的周转天数趋势图(见图6-8)来看，该公司在存货管理方面面临一定挑战，特别是在饰品、日用百货及其他类别产品的库存周转上。存货周转天数普遍高于行业标准，尤其是饰品类别，其库存周转天数平均超过200天，某些月份甚至达到了显著的563天。此外，日用百货和其他类别产品的存货周转天数也显示出较长的周期，均在110天以上。然而，企业的主营产品——小家电和数码电子产品的库存周转表现较为健康，维持在30~40天。

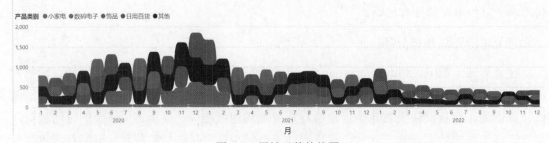

图 6-8　周转天数趋势图

上述情况表明公司在不同产品线的库存策略和销售动态上存在差异。饰品和日用百货的较长存货周期暗示了销售推动力不足、产品选品与市场需求不完全对应。相反，小家电和数码电子产品的库存周转效率更高，表明这些产品线的市场需求旺盛且库存管理更加精细。

为了提升整体库存周转效率，公司需要针对饰品和日用百货进行策略调整，如改进产品组合、加强市场推广活动、优化供应链管理或考虑采取促销措施以刺激销售，从而减少存货的资金占用，提升资金周转效率。同时，可以借鉴小家电和数码电子产品在库存管理上的成功经验，对其他类别进行改进。

(五) 存货趋势综合分析

矩阵表是一种数据可视化工具，它通过在表中插入数据条来直观地展示数值大小，增强了数据的可读性。在库存趋势分析矩阵表中，加入了售罄率达到50%的平均天数、售罄率达到50%的月数和售罄率达到50%的占比等指标，能够更全面地展示库存和销售的关系。

从兰迪商贸2022年的存货矩阵表(见图6-9)来看，该公司的核心业务集中在小家电领域。在小家电的具体产品线中，破壁机展现出独特的库存和销售模式。尽管它的存销比高达1.27，远超过其他小家电的平均存销比0.66，但这一较高的比率暗示了公司为了满足预期的市场需求而保持了较大的库存量。这种策略反映了对未来销售的乐观预测或对供应链不确定性的防范。然而，破壁机的存货周转天数为50天，这一周期比其他小家电产品的平均37.3天要长，表明其销售速度不如其他产品。不过，与此同时，破壁机的售罄率为87.30%，显示了其市场需求依然强劲，且销售策略能够最终将库存转化为销售。

产品类别	入库数量	入库金额	出库数量	出库金额	库存数量	库存金额	存货周转天数	售罄率	存销比	售罄率达50%平均天数	售罄率达到50%月份数	售罄率达到50%占比
小家电	298622	8,700.93	281957	8,021.59	33732	1,159.34	37.30	94.42%	0.66	14.58	12	100.00%
智能饮水机	18677	797.06	16409	700.72	2548	106.95	30.62	87.86%	0.66	15.27	11	91.67%
小型榨汁机	16302	314.26	16107	306.27	1323	27.63	28.17	98.80%	0.37	15.67	12	100.00%
小型吸尘器	16520	333.66	16762	339.32	1618	32.39	37.88	101.46%	0.59	16.50	12	100.00%
小型除螨仪	16896	178.93	16765	177.83	1171	11.67	22.83	99.22%	0.60	17.36	11	91.67%
小电饭煲	18825	291.13	16773	259.02	2539	39.61	33.19	89.10%	0.63	15.27	11	91.67%
小电炖锅	15919	429.70	16694	449.92	594	15.13	20.47	104.87%	0.37	21.40	10	83.33%
破壁机	19101	2,811.13	16675	2,476.73	3663	510.23	50.55	87.30%	1.27	17.90	10	83.33%
空气炸锅	16606	345.64	16448	342.10	1504	33.07	33.40	99.05%	0.61	15.67	12	100.00%
空气净化仪	16993	337.30	16471	325.74	1388	26.92	23.68	96.93%	0.38	16.82	11	91.67%
总计	455391	11,758.09	434433	10,977.34	54275	1,568.79	39.18	95.40%	0.64	14.75	12	100.00%

图 6-9 存货矩阵表

企业在管理破壁机的库存与销售方面需要采取以下策略：一是评估市场动态，深入分析破壁机的市场趋势和消费者偏好，确保库存水平与实际需求相匹配；二是缩短销售周期，考虑落实促销或增强营销活动来缩短销售周期，提高存货周转率；三是加强产品生命周期管理，密切关注产品更新换代的计划，避免因新产品发布导致的库存积压；四是监控库存质量，实施库存健康度监测机制，防止库存过时或过剩。

总体来看，公司在小家电市场，特别是破壁机类别中的表现强劲，但对于库存管理和销售策略仍有优化空间。公司应综合考虑存销比、存货周转天数及售罄率等关键指标，持续优化其库存管理流程，确保资金的有效利用，并保持市场竞争力。

三、库存趋势分析看板的Power BI实现过程

(一) 创建库存趋势图

1. 相关度量值

库存趋势分析相关度量值及DAX函数如表6-3所示。

表6-3 库存趋势分析相关度量值及DAX函数

度量值名称	DAX函数
毛利分析.整体概况.平均单位成本	毛利分析.整体概况.平均单位成本 = VAR X = MAX('D 日期表'[Date]) VAR Y = CALCULATE(LASTNONBLANKVALUE('D 日期表'[年月],DIVIDE(AVERAGE('F 存货核算表'[当期存货平均单位成本]),SELECTEDVALUE('单位辅助表'[倍率]))), FILTER(ALL('D 日期表'[Date]), 'D 日期表'[Date]<=X)) RETURN Y

（续表）

度量值名称	DAX函数
库存分析.趋势分析.库存数量	库存分析.趋势分析.库存数量 = VARX = 　　MAX ('D 日期表'[Date]) VARY = 　　CALCULATE ([库存分析.趋势分析.入库数量] － [收入分析.整体概况.销售数量], 　　　FILTER (ALL ('D 日期表'[Date]), 'D 日期表'[Date]<= X) 　　) RETURN 　Y
库存分析.趋势分析.期末库存金额	库存分析.趋势分析.期初库存金额 = VARX = 　　CALCULATE (MAX('D 日期表'[Date]), PREVIOUSMONTH ('D 日期表'[Date])) RETURN 　　CALCULATE ([库存分析.趋势分析.期末库存金额], 'D 日期表'[Date] = X)

2. 创建过程

在可视化窗格中选择"簇状柱形图"，将日期表中的"年"和"月"拖放至"X轴"，将"库存分析.趋势分析.期末库存金额"拖放至"Y轴"，如图6-10所示。

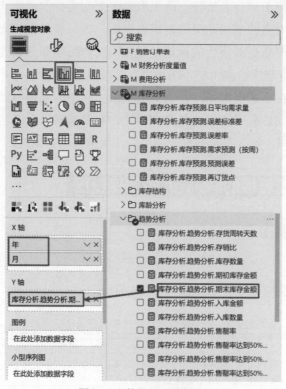

图 6-10　簇状柱形图设置

（二）创建存销比趋势图

1. 相关度量值

存销比趋势分析相关度量值及DAX函数如表6-4所示。

表6-4　存销比趋势分析相关度量值及DAX函数

度量值名称	DAX函数
库存分析.趋势分析.期初库存金额	库存分析.趋势分析.期初库存金额 = VARX = CALCULATE (MAX('D 日期表'[Date]), PREVIOUSMONTH ('D 日期表'[Date])) RETURN CALCULATE ([库存分析.趋势分析.期末库存金额], 'D 日期表'[Date] = X)
库存分析.趋势分析.存销比	库存分析.趋势分析.存销比 = DIVIDE([库存分析.趋势分析.期初库存金额]+[库存分析.趋势分析.入库金额],[收入分析.整体概况.销售收入])

2. 创建过程

在可视化窗格中选择"折线图"，将日期表中的"年"和"月"拖放至"X轴"，将"库存分析.趋势分析.存销比"拖放至"Y轴"，如图6-11所示。

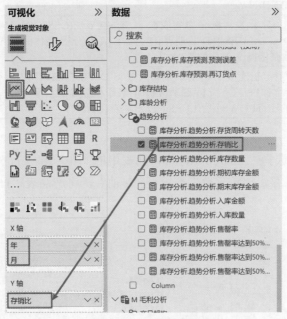

图 6-11　折线图设置

(三) 创建售罄率趋势图

1. 相关度量值

售罄率趋势分析相关度量值及DAX函数如表6-5所示。

表6-5　售罄率趋势分析相关度量值及DAX函数

度量值名称	DAX函数
库存分析.趋势分析.入库数量	库存分析.趋势分析.入库数量 = SUM('F 商品采购入库表'[数量])
库存分析.趋势分析.售罄率	库存分析.趋势分析.售罄率 = DIVIDE([收入分析.整体概况.销售数量],[库存分析.趋势分析.入库数量])

2. 创建过程

在可视化窗格中选择"折线图"，将日期表中的"年"和"月"拖放至"X轴"，将"库存分析.趋势分析.售罄率"拖放至"Y轴"。

(四) 创建存货周转天数趋势图

1. 相关度量值

存货周转天数趋势分析相关度量值及DAX函数如表6-6所示。

表6-6 存货周转天数趋势分析相关度量值及DAX函数

度量值名称	DAX函数
毛利分析.整体概况.平均单位成本	毛利分析.整体概况.平均单位成本 = VAR X =MAX('D 日期表'[Date]) VAR Y=CALCULATE(LASTNONBLANKVALUE('D日期表'[年月], DIVIDE(AVERAGE('F存货核算表'[当期存货平均单位成本])),SELECTEDVALUE('单位辅助 表'[倍率]))),FILTER(ALL('D 日期表'[Date]),'D 日期表'[Date]<=X)) RETURN Y
毛利分析.整体概况.销售成本	毛利分析.整体概况.销售成本 = SUMX (CROSSJOIN(VALUES ('D 产品表'[产品ID]), VALUES ('D 日期表'[年月])), [毛利分析.整体概况.平均单位成本] * [收入分析.整体概况.销售数量])
库存分析.趋势分析.存货周转天数	库存分析.趋势分析.存货周转天数 = DIVIDE(DIVIDE([库存分析.趋势分析.期初库存金额]+[库存分析.趋势分析.期末库存金额],2),[毛利分析.整体概况.销售成本])*COUNTROWS (VALUES ('D 日期表'[Date]))

2. 创建过程

在可视化窗格中选择"丝带图",将日期表中的"年"和"月"拖放至"X轴",将"库存分析.趋势分析.存货周转天数"拖放至"Y轴",将产品表"产品类别"拖放至"图例",如图6-12所示。

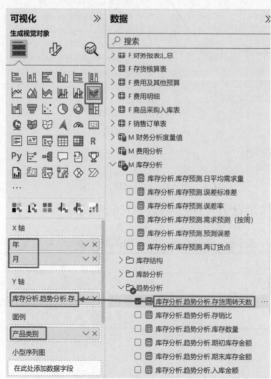

图 6-12 丝带图设置

(五) 创建库存明细矩阵

1. 相关度量值

库存明细分析相关度量值及DAX函数如表6-7所示。

表6-7　库存明细分析相关度量值及DAX函数

度量值名称	DAX函数
库存分析.趋势分析.售罄率达到50%平均天数	库存分析.趋势分析.售罄率达到50%平均天数 = VARX = 　ADDCOLUMNS (　　VALUES ('D 日期表'[年月]), 　　"每月售罄率大于50%天数", 　　　VARXX = 　　　　CALCULATE (MIN ('D 日期表'[Date])) 　　　VARYY = 　　　　CALCULATETABLE (　　　　　FILTER (　　　　　　VALUES ('D 日期表'[Date]), 　　　　　　VARYZ = 　　　　　　　CALCULATE(MAX ('D 日期表'[Date])) 　　　　　　RETURN 　　　　　　　　CALCULATE ([库存分析.趋势分析.售罄率], 'D 日期表'[Date]>= XX&&'D日期表' [Date]<= YZ) >= 0.5 　　　　　　) 　　　　) 　　　RETURN 　　　　COUNTROWS(YY) 　) RETURN 　AVERAGEX (X, [每月售罄率大于50%天数])
库存分析.趋势分析.售罄率达到50%月份数	库存分析.趋势分析.售罄率达到50%月份数 = VARX = 　ADDCOLUMNS (　　VALUES ('D 日期表'[年月]), 　　"累计售罄率大于50%天数", 　　　VARXX = 　　　　CALCULATE (MIN ('D 日期表'[Date])) 　　　VARYY = 　　　　CALCULATETABLE (　　　　　FILTER (　　　　　　VALUES ('D 日期表'[Date]), 　　　　　　VARYZ = 　　　　　　　MAX ('D 日期表'[Date]) 　　　　　　RETURN 　　　　　　　　CALCULATE ([库存分析.趋势分析.售罄率], 'D 日期表'[Date]>= XX&&'D日期表' [Date]<= YZ) >= 0.5 　　　　　　) 　　　　) 　　　RETURN 　　　　COUNTROWS (YY) 　) RETURN 　COUNTROWS(FILTER(X,[累计售罄率大于50%天数]>0))

（续表）

度量值名称	DAX函数
库存分析.趋势分析.售罄率达到50%占比	库存分析.趋势分析.售罄率达到50%占比 = DIVIDE([库存分析.趋势分析.售罄率达到50%月份数], COUNTROWS(VALUES('D 日期表'[年月])))

2. 创建过程

在可视化窗格中选择"矩阵"，将产品表的"产品类别""产品名称"拖放至"行"，将"库存分析.趋势分析.入库数量""库存分析.趋势分析.入库金额""库存分析.趋势分析.存销化""库存分析.趋势分析.库存数量""库存分析.趋势分析.期末库存金额""库存分析.趋势分析.存货周转天数""库存分析.趋势分析.售罄率""库存分析.趋势分析.售罄率达到50%平均天数""库存分析.趋势分析.售罄率达到50%月份数""库存分析.趋势分析.售罄率达到50%占比""毛利分析.整体概况.销售成本"拖放至"值"，如图6-13所示。

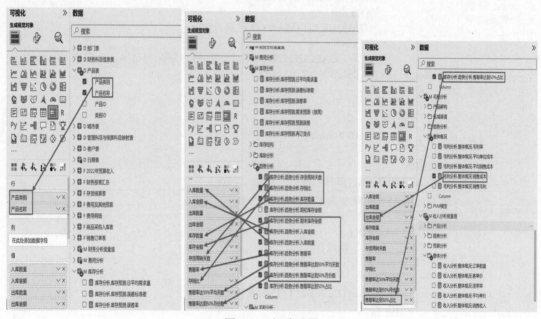

图 6-13 矩阵设置

3. 实现效果

矩阵实现效果如图6-14所示。

产品类别	入库数量	入库金额	出库数量	出库金额	库存数量	库存金额	存货周转天数	售罄率	存销比	售罄率达50%平均天数	售罄率达到50%月份数	售罄率达到50%占比
小家电	517667	14,742.59	485027	13,616.53	33732	1,159.34	48.00	93.69%	0.62	14.60	35	97.22%
智能饮水机	30729	3,282.00	28327	1,179.14	2548	106.95	51.61	92.01%	0.61	17.47	32	88.89%
小型榨汁机	29001	561.27	27758	535.11	1323	27.63	29.80	95.70%	0.36	17.19	32	88.89%
小型吸尘器	30285	617.21	28716	585.79	1618	32.39	31.21	94.82%	0.57	16.47	32	88.89%
小型除螨仪	30144	312.88	29007	301.59	1171	11.67	21.90	96.23%	0.57	17.13	31	96.11%
小电饭煲	30941	478.11	28443	439.17	2539	39.61	50.26	91.93%	0.60	17.33	31	86.11%
小电炖锅	29349	783.17	28853	770.49	594	15.13	12.51	98.29%	0.36	18.65	31	86.11%
破壁机	32125	4,640.88	28539	4,140.95	3663	510.23	68.88	88.84%	1.15	18.07	29	80.55%
空气炸锅	29605	610.50	28145	578.32	1504	33.07	32.17	95.05%	0.58	16.13	29	91.67%
空气净化仪	29716	584.36	28273	558.70	1388	26.92	27.62	95.55%	0.37	15.64	32	91.67%
家用消毒柜	30057	1,221.24	27970	1,139.21	2165	85.55	42.84	93.06%	0.58	17.03	32	88.89%
家用电磁炉	31202	554.23	28310	504.47	2863	51.01	56.79	90.73%	0.60	15.91	32	88.89%
家用电吹风	30801	59.62	29214	56.48	1633	3.22	32.13	94.85%	0.36	16.91	32	88.89%
电蒸锅	29920	302.65	28175	285.26	1816	18.29	36.86	94.20%	0.57	16.52	30	91.67%
电微波炉	30989	517.10	28657	481.08	2431	37.45	44.28	92.41%	0.39	18.63	30	83.33%
电热茶壶	30977	791.66	28452	719.78	2560	72.77	56.08	91.85%	0.59	17.00	32	91.67%
电动剃胡刀	31218	971.00	29370	915.20	1890	56.97	34.81	94.08%	0.59	16.30	32	91.67%
电炒锅	30608	454.73	28657	425.80	1926	30.49	41.25	93.47%	0.56	16.30	30	83.33%
数码电子	241456	4,762.08	228155	4,479.27	13825	290.93	36.58	94.49%	0.54	15.00	35	97.22%
智能音响	30719	305.99	28871	288.94	1973	18.26	36.92	94.02%	0.38	15.88	32	91.67%
智能手环	30189	774.60	28251	722.24	1985	53.50	41.46	93.58%	0.58	16.48	31	86.11%
智能化妆镜	31493	482.37	28390	435.58	3159	47.47	60.57	90.12%	0.60	18.61	31	86.11%
数码相机	30492	1,280.92	28633	1,207.98	1883	73.88	33.94	93.90%	0.60	16.33	32	91.67%
家用路由器	30005	604.07	28266	569.23	1792	35.93	35.63	94.18%	0.57	17.50	32	88.89%
复古拍立得	29994	918.53	28418	869.09	1542	51.37	33.61	95.06%	0.57	18.60	30	83.33%
电子相框	29248	194.30	28594	189.94	718	4.76	14.92	97.76%	0.36	17.58	31	96.11%
总计	799789	20,194.53	748188	18,686.00	54275	1,568.79	47.78	93.55%	0.60	14.40	35	97.22%

图 6-14　矩阵实现效果

第三节　库存结构分析

一、分析内容

　　库存结构分析看板如图6-15所示。该看板主要由切片器、堆积条形图、环形图、簇状柱形图、Inforiver Analytics＋图和矩阵6个区域组成，具体如下。

　　第1区切片器，用于选取日期切片器、产品类型切片器和单位切片器，每个切片器都可以影响看板中的另外5个区域。

　　第2区堆积条形图，展示不同产品类别的库存结构情况。

　　第3区环形图，展示按照金额和数量划分的价值结构图。

　　第4区簇状柱形图，展示库存趋势情况。

　　第5区Inforiver Analytics＋图，分别展示库存金额和库存数量top 20的产品。

　　第6区矩阵，展示库存数量、销售数量、库存数量占比、销售数量占比和周转天数数据。

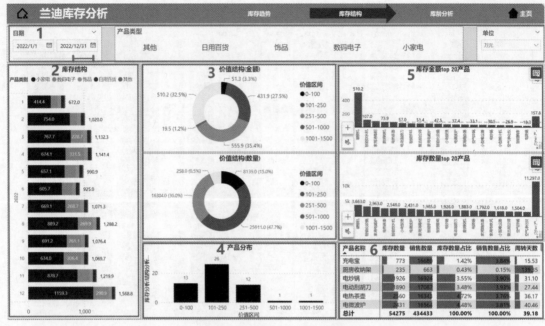

图 6-15　库存结构分析看板

二、具体分析过程

(一) 库存价值分析

兰迪商贸作为一家批发零售企业，小家电产品是其核心业务，并且在整个财年的大多数月份里，小家电产品库存金额的占比都是最高的。尤其在年末，库存金额的显著增加，映射出为了迎接假日而有预见性地增加库存以满足市场的旺盛需求。数码电子产品的库存金额在4月份达到顶峰，主要与企业促销活动有关。

存货除了可以按照类别分类，还可以按照价值分类，分为高价值存货、中价值存货和低价值存货，针对不同的存货应采用差异化战略。针对不同的价值类型，应运用不同的管理策略管理存货。对于高价值存货实行密集监控，频繁盘点，进行严格的供应链管理，确保供应的连续和质量，定期评估高价值存货的库存策略，供货商应该随时能排产，品控有保证，退货率低。对于中价值存货可以保持适当的关注，保持合理的库存水平，库存可以适当地高于需求，寻找多家供应商，随时替补。对于低价值存货可以采用简化盘点方式，定期订购。

在精细化的库存管理战略中，公司将存货按照价值分为低、中、高三个等级，以便更高效地管理库存资源，优化资金利用率。具体而言，价值在0~250万元之间的为低价值存货，价值在250万~500万元之间的为中价值存货，而价值超过500万元的则为高价值存货。

2022年度的库存分析显示，低价值存货包括39种，金额为372.37(36.4+335.97)万元，占总库存金额的31.84%，共计27,917件(6,870+21,047)，占总库存数量的64.84%。由于低价值存货数量庞大但单件价值低，其管理成本相对较低，但仍需提高周转率，防止存货积压和不必要的仓储成本。建议通过批量采购和集中储存来提高管理效率，结合灵活管理策略减少资金占用压力。

中价值存货包括12种，金额为409.92万元，占总库存金额的35.05%，数量为12,258件，占总库存数量的28.47%。中价值存货的单件价值较高，但数量较少。为此，应加强需求预测和库存周转管理，确保供应链稳定，避免因过量采购造成的资金占用。精准的订购计划和合理的安全库存设定将有助于更好地控制中价值存货的库存量。

高价值存货仅有2种，即破壁机和智能腕表，总金额为387.13万元，占总库存金额的33.10%，数量为2,880件，占总库存数量的6.69%。高价值存货虽然数量少但占用大量资金，因此需采取更严格的库存控制措施，避免过多积压导致的资金压力。企业可以通过分期进货或采取逐步订购策略来降低资金占用，并定期监控需求变动，及时调整库存量，以应对市场变化。

基于库存金额和库存数量的数据，一是优化库存周转率，低价值存货占库存数量的比重较大，因此应关注其周转率，并加强对低价值存货的销售推广，通过打折促销或捆绑销售来减少积压，提高其流通速度。

二是合理进行资金分配，高价值存货虽然种类有限，但占用资金较多，应考虑细分市场需求，进行精准营销，并评估库存的持有时间。

三是注重中价值存货的供应链管理，中价值存货在数量上占据主导地位，意味着供应链中断风险较高，建议与多个供应商合作，以确保连续供应，并减少任何单一失败点的风险。

总体来说，库存金额与库存数量的占比揭示了产品种类的多样性和库存结构的复杂性。这要求企业进行精细化管理，以保持库存的健康流动，并优化资金的使用效率。目标是通过有效的库存分类和管理，实现库存资金的最大化利用，并提升整体业务的盈利能力和市场响应速度。

(二) 重点产品分析

在商业运营中，库存数量与销售数量的对比分析至关重要。库存和销售数据的关联性能指导企业合理规划生产和采购，避免库存积压，并确保市场需求得到满足。通过监控这两个指标的关系，企业可以有效管理现金流，优化资金分配，减少过多的资本占用。此外，销售数据反映了市场动态，可以帮助企业评估其产品的市场适应性和消费者偏好。库存与销售量的比较分析还为库存策略的调整提供了数据支持，企业可以据此确定最佳的库存水平，以降低运营风险。

从库存矩阵(见图6-16)来看，引入库存数量占比和销售数量占比这两个指标是非常有洞察力的。以破壁机为例，作为公司的高价值产品，它在库存和销售两方面都具有强势的表现。2022年的数据表明，破壁机的销售数量占比为3.84%，而库存数量占比高达6.75%，这表明库存数量明显超出了销售数据，库存超额或市场需求未达到预期，企业需要采取措施提高销售水平或调整库存水平。

产品名称	库存数量	销售数量	库存数量占比	销售数量占比	周转天数	产品名称	库存数量	销售数量	库存数量占比	销售数量占比	周转天数
						鼠标垫	775	16673	1.43%	3.84%	16.95
破壁机	3665	16675	6.75%	3.84%	50.55	电子相框	718	16447	1.32%	3.79%	21.17
智能化妆镜	3159	16334	5.82%	3.76%	43.70	小电炖锅	594	16694	1.09%	3.84%	20.47
家用电磁炉	2963	16560	5.46%	3.81%	45.72	复古实木露台	379	722	0.70%	0.17%	165.50
电热茶壶	2560	16343	4.72%	3.76%	36.17	风水摆件	356	751	0.66%	0.17%	177.35
智能饮水机	2548	16409	4.69%	3.78%	30.62	美容仪	295	721	0.54%	0.17%	143.50
小电饭煲	2539	16773	4.68%	3.86%	33.19	陶瓷餐具	291	741	0.54%	0.17%	146.24
电微波炉	2431	16564	4.48%	3.81%	40.46	钥匙扣	286	751	0.53%	0.17%	144.34
家用消毒柜	2165	16215	3.99%	3.73%	32.91	领带	279	671	0.51%	0.15%	152.53
智能手环	1985	16528	3.66%	3.80%	35.60	相框	264	716	0.49%	0.16%	152.79
智能音响	1973	16862	3.64%	3.88%	34.83	智能腕表	258	661	0.48%	0.15%	145.88
电炒锅	1926	16924	3.55%	3.90%	31.10	滚动粘毛器	255	746	0.47%	0.17%	118.84
电动刮胡刀	1890	17087	3.48%	3.93%	27.44	挂件	252	667	0.46%	0.15%	139.87
数码相机	1883	16602	3.47%	3.82%	28.96	香薰炉	249	706	0.46%	0.16%	139.15
电蒸锅	1816	16177	3.35%	3.72%	28.53	欧式装饰画	240	675	0.44%	0.16%	131.67
家用路由器	1792	16362	3.30%	3.77%	30.56	厨房收纳架	235	663	0.43%	0.15%	139.35
家用电吹风	1633	16983	3.01%	3.91%	30.77	蜡烛	232	771	0.43%	0.18%	117.97
小型吸尘器	1618	16762	2.98%	3.86%	37.88	艺术花瓶	227	727	0.42%	0.17%	125.00
复古拍立得	1542	16374	2.84%	3.77%	35.82	腰带	225	725	0.41%	0.17%	122.40
空气炸锅	1504	16448	2.77%	3.79%	33.40	围巾	223	670	0.41%	0.15%	140.01
空气净化仪	1388	16471	2.56%	3.79%	23.68	手机壳	222	733	0.41%	0.17%	119.38
小型榨汁机	1323	16107	2.44%	3.71%	28.17	腕表	220	742	0.41%	0.17%	138.21
小型除螨仪	1171	16765	2.16%	3.86%	22.83	披肩	211	713	0.39%	0.16%	114.23
充电宝	773	16680	1.42%	3.84%	15.53	古龙水	208	711	0.38%	0.16%	132.43
						马桶置物架	204	745	0.38%	0.17%	114.03
						太阳眼镜	204	794	0.38%	0.18%	118.65
						头饰	198	747	0.36%	0.17%	112.17
						香水	194	695	0.36%	0.16%	135.67
						耳机	190	780	0.35%	0.18%	92.97
						美式咖啡壶	171	774	0.32%	0.18%	98.14
						复古装饰摆件	150	769	0.28%	0.18%	101.23
						总计	54275	434433	100.00%	100.00%	39.18

图 6-16　库存矩阵

　　同时，观察到智能化妆镜、家用电磁炉、电热茶壶、智能饮水机、小电饭煲和电微波炉等产品的库存数量占比也普遍高于销售数量占比。这一现象反映了市场饱和或库存积压的问题，这要求企业对这些产品的市场战略进行重新调整，通过促销活动或价格调整来平衡库存和销售。

　　在库存周转效率方面，充电宝表现出色，其库存数量占比仅为1.42%，而销售数量占比高达3.84%，显示出快速的库存流转和良好的市场需求。这表明充电宝的库存管理非常有效，企业应继续维持或优化这一状态。此外，电子相框和小电炖锅的库存数量占比也低于销售数量占比，体现了较快的库存周转。

　　综上所述，通过对库存数量占比和销售数量占比进行对比分析，企业能够识别出库存管理中的优势和潜在问题，从而制定更加精准的库存策略和销售计划，确保库存健康和资金的有效流转。

三、库存结构分析看板的Power BI实现过程

(一) 创建库存结构堆积条形图

　　(1) 在可视化窗格中选择"堆积条形图"，将日期表中的"年"和"月"拖放至"Y轴"，将"库存分析.趋势分析.期末库存金额"拖放至"X轴"，将产品表的"产品类别"

拖放至"图例",如图6-17所示。

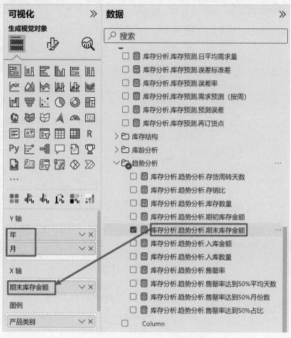

图 6-17 堆积条形图设置

(2) 单击堆积条形图上方的"展开层次结构中的所有下移级别"按钮即可展示所有月份的库存金额,如图6-18所示。

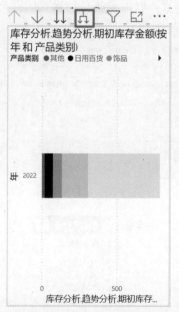

图 6-18 展开层次结构中的所有下移级别

(3) 单击堆积条形图上方的 … 按钮,在弹出的菜单中执行"排列轴"|"年月"|"以升序排序"命令,将其按照年月升序排序,如图6-19所示。

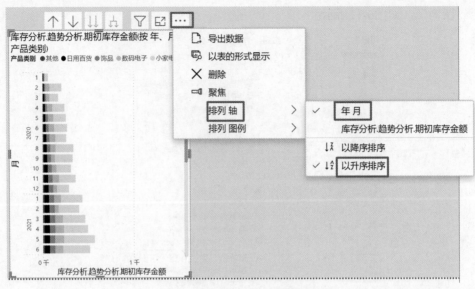

图 6-19　按照年月升序排序

(二) 创建存货价值结构环形图

1. 建立辅助表

建立存货单位区间辅助表，执行"主页"|"输入数据"命令，在表中输入序号和价值区间，如图6-20所示。对该企业来说，0~250万元为低价值存货，250万~500万元为中价值存货，500万元以上为高价值存货，取消系统自动设置的存货单位区间辅助表与其他表之间的关系，最终效果如图6-21所示。

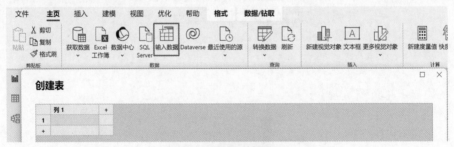

图 6-20　辅助表设置

序号	价值区间
1	0-100
2	101-250
3	251-500
4	501-1000
5	1001-1500
6	1500以上

图 6-21　辅助表效果

2. 相关度量值

存货价值结构分析相关度量值及DAX函数如表6-8所示。

表6-8　存货价值结构分析相关度量值及DAX函数

度量值名称	DAX函数
库存分析.结构分析.价格区间分布.库存金额	库存分析.结构分析.价格区间分布.库存金额 = VAR X = 　　ADDCOLUMNS (VALUES ('D 产品表'[产品ID]), "平均单位库存金额", [毛利分析.整体概况.平均单位成本]) VAR AA = 　　SELECTEDVALUE ('存货单位价值区间辅助表'[价值区间]) VAR BB = 　　MAX ('单位辅助表'[倍率]) VAR Y = 　　SWITCH (　　　TRUE (), 　　　AA = "0-100", 　　　　SUMX (　　　　　FILTER (X, IF (BB = 1, [平均单位库存金额] <= 100, [平均单位库存金额] <= 100 / 10000)), 　　　　　　[库存分析.趋势分析.期末库存金额] 　　　　), 　　　AA = "101-250", 　　　　SUMX (　　　　　FILTER (　　　　　　X, 　　　　　　IF (　　　　　　　BB = 1, 　　　　　　　[平均单位库存金额] <= 250 　　　　　　　　&& [平均单位库存金额] > 100, 　　　　　　　[平均单位库存金额] <= 250 / 10000 　　　　　　　　&& [平均单位库存金额] > 100 / 10000 　　　　　　) 　　　　　), 　　　　　　[库存分析.趋势分析.期末库存金额] 　　　　), 　　　AA = "251-500", 　　　　SUMX (　　　　　FILTER (　　　　　　X, 　　　　　　IF (　　　　　　　BB = 1, 　　　　　　　[平均单位库存金额] <= 500 　　　　　　　&& [平均单位库存金额] > 250, 　　　　　　　[平均单位库存金额] <= 500 / 10000 　　　　　　　　&& [平均单位库存金额] > 250 / 10000 　　　　　　) 　　　　　), 　　　　　　[库存分析.趋势分析.期末库存金额] 　　　　), 　　　AA = "501-1000", 　　　　SUMX (

度量值名称	DAX函数
库存分析.结构分析.价格区间分布.库存金额	FILTER (　　　　X, 　　　　IF (　　　　　　BB = 1, 　　　　　　　　[平均单位库存金额] > 500 　　　　　　　　&& [平均单位库存金额] <= 1000, 　　　　　　　　[平均单位库存金额] > 500 / 10000 　　　　　　　　&& [平均单位库存金额] <= 1000 / 10000 　　　　　　) 　　　　), 　　　　[库存分析.趋势分析.期末库存金额] 　　　　), 　　AA = "1001-1500", 　　　　SUMX (　　　　　　FILTER (　　　　　　　X, 　　　　　　　IF (　　　　　　　　BB = 1, 　　　　　　　　[平均单位库存金额] > 1000 　　　　　　　　&& [平均单位库存金额] <= 1500, 　　　　　　　　[平均单位库存金额] > 1000 / 10000 　　　　　　　　&& [平均单位库存金额] <= 1500 / 10000 　　　　　　　) 　　　　　　), 　　　　　　[库存分析.趋势分析.期末库存金额] 　　　　　　), 　　AA = "1500以上", 　　　　SUMX (　　　　　　FILTER (X, IF (BB = 1, [平均单位库存金额] > 1501, [平均单位库存 金额] > 1501 / 10000)), 　　　　　　[库存分析.趋势分析.期末库存金额] 　　　　　　) 　　,[库存分析.趋势分析.期末库存金额]) RETURN 　　Y
库存分析.结构分析.价格区间分布.库存数量	库存分析.结构分析.价格区间分布.库存数量 = VAR X = ADDCOLUMNS (VALUES ('D 产品表'[产品ID]), "平均单位库存金额", [毛利分析.整体概况.平均单位成本]) VAR AA = SELECTEDVALUE ('存货单位价值区间辅助表'[价值区间]) VAR BB = MAX ('单位辅助表'[倍率]) VAR Y = SWITCH (　　TRUE (), 　　AA = "0-100", 　　　SUMX (FILTER (X, IF (BB = 1, [平均单位库存金额] <= 100, [平均单位库存金额] <= 100 / 10000)), [库存分析.趋势分析.库存数量]), 　　AA = "101-250", 　　　SUMX (　　　　FILTER (X, 　　　　　IF (

度量值名称	DAX函数

库存分析.结构分析.价格区间分布.库存数量	BB = 1,
	        [平均单位库存金额] <= 250
	            && [平均单位库存金额] > 100,
	        [平均单位库存金额] <= 250 / 10000
	            && [平均单位库存金额] > 100 / 10000
	        )
	    ),
	    [库存分析.趋势分析.库存数量]
	    ),
	AA = "251-500",
	    SUMX (
	        FILTER (
	            X,
	            IF (
	                BB = 1,
	                [平均单位库存金额] <= 500
	                    && [平均单位库存金额] > 250,
	                [平均单位库存金额] <= 500 / 10000
	                    && [平均单位库存金额] > 250 / 10000
	            )
	        ),
	        [库存分析.趋势分析.库存数量]
	    ),
	AA = "501-1000",
	    SUMX (
	        FILTER (
	            X,
	            IF (
	                BB = 1,
	                [平均单位库存金额] > 500
	                    && [平均单位库存金额] <= 1000,
	                [平均单位库存金额] > 500 / 10000
	                    && [平均单位库存金额] <= 1000 / 10000
	            )
	        ),
	        [库存分析.趋势分析.库存数量]
	    ),
	AA = "1001-1500",
	    SUMX (
	        FILTER (
	            X,
	            IF (
	                BB = 1,
	                [平均单位库存金额] > 1000
	                && [平均单位库存金额] <= 1500,
	                [平均单位库存金额] > 1000 / 10000
	                && [平均单位库存金额] <= 1500 / 10000
	            )
	        ),
	        [库存分析.趋势分析.库存数量]

(续表)

度量值名称	DAX函数

库存分析.结构分析.价格区间分布.库存数量	),
	AA = "1500以上",
	  SUMX (
	    FILTER (X, IF (BB = 1, [平均单位库存金额] > 1501, [平均单位库存金额] > 1501 / 10000)),
	    [库存分析.趋势分析.库存数量]
	  )
	  )
	RETURN
	  Y

3.创建过程

在可视化窗格中选择"环形图",将存货单位价值区间辅助表中的"价值区间"拖放至"图例",将"库存分析.结构分析.价格区间分布.库存金额"拖放至"值",如图6-22所示。价值结构(数量)环形图的创建方法类似。

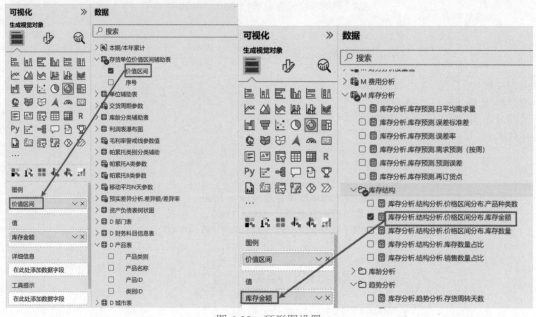

图 6-22　环形图设置

(三) 创建产品分布簇状柱形图

1.相关度量值

产品分布分析相关度量值及DAX函数如表6-9所示。

表6-9 产品分布分析相关度量值及DAX函数

度量值名称	DAX函数
库存分析.结构分析.价格区间分布.产品种类数	库存分析.结构分析.价格区间分布.产品种类数 = VAR X = 　ADDCOLUMNS (VALUES ('D 产品表'[产品ID]), "平均单位库存金额", [毛利分析.整体概况.平均单位成本]) VAR AA = 　SELECTEDVALUE ('存货单位价值区间辅助表'[价值区间]) VAR BB = 　MAX ('单位辅助表'[倍率]) VAR Y = 　SWITCH (　　TRUE (), 　　AA = "0-100", 　　　COUNTROWS(　　　　FILTER (X, IF (BB = 1, [平均单位库存金额] <= 100, [平均单位库存金额] <= 100 / 10000)) 　　　), 　　AA = "101-250", 　　　COUNTROWS (　　　　FILTER (　　　　　X, 　　　　　IF (　　　　　　BB = 1, [平均单位库存金额] <= 250 && [平均单位库存金额] > 100, [平均单位库存金额] <= 250 / 10000 && [平均单位库存金额] > 100 / 10000 　　　　　　) 　　　　　) 　　　), 　　AA = "251-500", 　　　COUNTROWS (　　　　FILTER (　　　　　X, 　　　　　IF (　　　　　　BB = 1, 　　　　　　[平均单位库存金额] <= 500 　　　　　　　&& [平均单位库存金额] > 250, 　　　　　　[平均单位库存金额] <= 500 / 10000 　　　　　　　&& [平均单位库存金额] > 250 / 10000 　　　　　) 　　　　) 　　　), 　　AA = "501-1000", 　　　COUNTROWS (　　　　FILTER (　　　　　X, 　　　　　IF (　　　　　　BB = 1, 　　　　　　[平均单位库存金额] > 500 　　　　　　　&& [平均单位库存金额] <= 1000, 　　　　　　[平均单位库存金额] > 500 / 10000

度量值名称	DAX函数

库存分析.结构分析.价格区间分布.产品种类数	`&& [平均单位库存金额] <= 1000 / 10000`
	`)`
	`)`
	`),`
	`AA = "1001-1500",`
	`COUNTROWS (`
	`FILTER (`
	`X,`
	`IF (`
	`BB = 1,`
	`[平均单位库存金额] > 1000`
	`&& [平均单位库存金额] <= 1500,`
	`[平均单位库存金额] > 1000 / 10000`
	`&& [平均单位库存金额] <= 1500 / 10000`
	`)`
	`)`
	`),`
	`AA = "1500以上",`
	`COUNTROWS (`
	`FILTER ( X, IF ( BB = 1, [平均单位库存金额] > 1501, [平均单位库存金额]`
	`> 1501 / 10000 ) )`
	`))`
	`RETURN`
	`Y`

2. 创建过程

在可视化窗格中选择"簇状柱形图",将存货单位价值区间辅助表中的"价值区间"拖放至"X轴",将"库存分析.结构分析.价格区间分布.产品种类数"拖放至"Y轴",如图6-23所示。

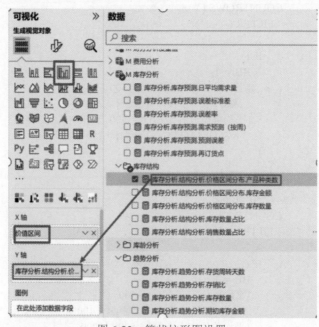

图 6-23　簇状柱形图设置

(四) 创建库存金额top 20图

在可视化窗格中选择"Inforiver Analytics+ (3.3)",将产品表中的"产品名称"拖放至"Axis",将"库存分析.趋势分析.期末库存金额"拖放至"Values",如图6-24所示。单击 ⋯ 按钮,在弹出的菜单中执行"以降序排序"|"排序方式"|"库存分析.趋势分析.期末库存金额"命令,如图6-25所示。

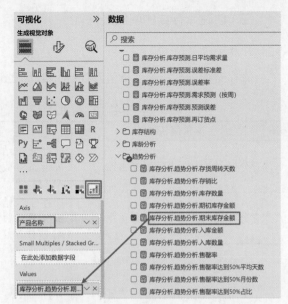

图 6-24　Inforiver Analytics+ (3.3) 设置

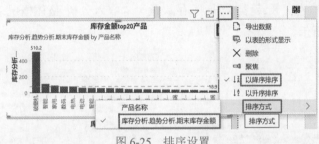

图 6-25　排序设置

单击 ⋯ 按钮,选择"以表的形式显示",并将"Top n"中的"Show Items"选项设置为"Top 20",即可显示库存金额top 20产品,如图6-26所示。库存数量top 20图的创建方式类似。

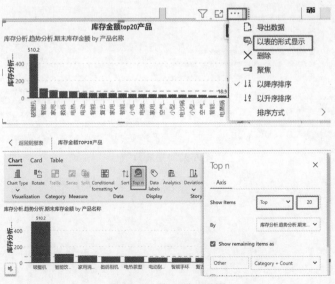

图 6-26　显示项目设置

(五) 创建库存结构明细矩阵

1. 相关度量值

库存结构分析相关度量值及DAX函数如表6-10所示。

表6-10　库存结构分析相关度量值及DAX函数

度量值名称	DAX函数
库存分析.结构分析.库存数量占比	库存分析.结构分析.库存数量占比 = DIVIDE([库存分析.趋势分析.库存数量],CALCULATE([库存分析.趋势分析.库存数量],ALL('D 产品表'[产品名称])))
库存分析.结构分析.销售数量占比	库存分析.结构分析.销售数量占比 = DIVIDE([收入分析.整体概况.销售数量],CALCULATE([收入分析.整体概况.销售数量],ALL('D 产品表'[产品名称])))

2. 创建过程

在可视化窗格中选择"矩阵",将产品表中的"产品名称"拖放至"行",将"库存分析.结构分析.库存数量占比""库存分析.结构分析.销售数量占比""库存分析.趋势分析.存货周转天数""库存分析.趋势分析.库存数量""收入分析.整体概况.销售数量"拖放至"值",如图6-27所示。

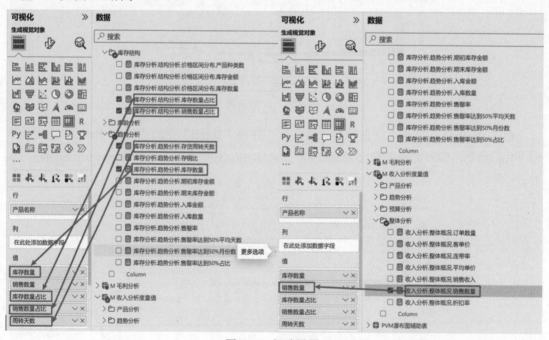

图 6-27　矩阵设置

第四节　库龄分析

一、分析内容

库龄分析看板如图6-28所示。该看板主要由切片器、环形图、簇状条形图、折线图和矩阵5个区域组成，具体如下。

第1区切片器，用于选取日期切片器、产品类型切片器和单位切片器，每个切片器都可以影响看板中的另外4个区域。

第2区环形图，展示库存金额结构和期末产品分布结构。

第3区簇状条形图，展示产品库龄排行。

第4区折线图，按库龄展示库存金额趋势。

第5区矩阵，展示平均库龄、库存原值、预计减值金额、减值后库存金额、售罄率和存货周转天数等数据。

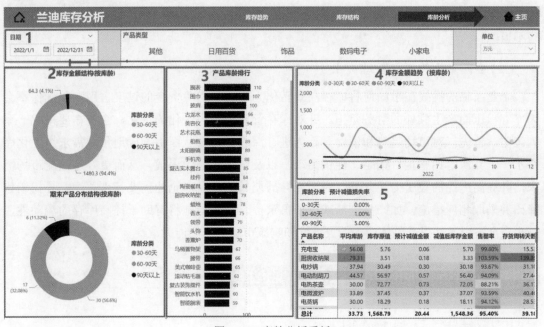

图 6-28　库龄分析看板

二、具体分析过程

(一) 中期库存集中与积累

2022年的数据显示，企业产品库存主要集中在30~60天的库龄段，其中涉及的产品数量达30件，占据了总库存金额的94.4%。这一显著的集中度表明大部分产品在进入仓库后的一个到两个月内被销售出去。然而，60~90天库龄段尽管涉及17件产品，库存金额占比却仅有4.1%，表明随着库龄的增加，库存金额的占比迅速下降。观察全年趋势，30~60天库存金额的波动明显，尤其是在7月以后，库存金额始终维持在500万元以上，并在12月份激增至1,480万元。这反映了企业为应对年末销售旺季所做的库存积累，也是对市场需求波动的预期反应。

（二）库龄与库存周转率的非线性关系

库龄和存货周转天数虽为库存管理的两个核心指标，但它们之间并不总是线性相关。例如，智能饮水机的平均库龄为59天，而存货周转天数只有30.6天，说明尽管某些产品库存时间较长，但整体销售速度仍然很快。又如，充电宝的平均库龄为56.08天，存货周转天数仅为15.5天，这样的数据显示充电宝的市场需求强劲，销售周期极短。从售罄率看，智能饮水机和充电宝的售罄率均在88%以上，显示产品有很好的市场吸引力，但是由于平均库龄是累计数据，平均库龄很高，这表明某些特定批次的商品存在问题，是因为它们不受消费者欢迎或与市场趋势不匹配，因此，尽管大部分智能饮水机和充电宝销售情况良好，但这些滞销产品拉长了整体库龄，需要关注库存中的异常情况。相比之下，风水摆件和钥匙扣的销售情况则表明潜在的市场挑战，尽管库龄相对较短，但存货周转天数分别高达177.3天和144.3天，这在一定程度上反映了产品销售方面的障碍，如市场需求减少或销售策略不当。

（三）面向未来的库存管理优化

企业面临的挑战在于如何将库存高效转化为销售，避免资金的过度占用，并确保不会因库存积压而产生额外的财务负担。针对库存管理和销售转化的优化，企业需要采取一系列策略。首先，对市场趋势和消费者行为进行深入分析，从而更准确地预测需求，优化库存水平。其次，调整定价策略、促销活动，以及销售和分销渠道，从而更好地匹配市场需求，并提高产品的吸引力。此外，对于周转周期长的产品，企业需要特别关注，寻找销售障碍并采取相应措施，如产品创新或市场再定位。这些措施将有助于提高库存的流动性，减少资金占用，并提升整体业务的灵活性和响应市场变化的能力。

三、库龄分析看板的Power BI实现过程

（一）创建库存金额结构环形图

1. 创建库龄分类辅助表

在"表格视图"中，执行"表工具"|"新建表"命令，输入分类序号、库龄分类、最小值、最大值和预计减值损失率等信息，如图6-29所示。取消系统自动设置的库龄分类辅助表与其他表之间的关系。

图 6-29 库龄分类辅助表设置

2. 相关度量值

库存金额结构分析相关度量值及DAX函数如表6-11所示。

表6-11 库存金额结构分析相关度量值及DAX函数

度量值名称	DAX函数
库存分析.库龄分析.累计入库数量	库存分析.库龄分析.累计入库数量 = CALCULATE([库存分析.趋势分析.入库数量],'D 日期表'[Date]<=MAX('D 日期表'[Date]))
库存分析.库龄分析.累计销售数量	库存分析.库龄分析.累计销售数量 = CALCULATE([收入分析.整体概况.销售数量],'D 日期表'[Date]<=MAX('D 日期表'[Date]))

库存分析.库龄分析.平均库龄	库存分析.库龄分析.平均库龄 =
	VAR AA = [库存分析.库龄分析.累计入库数量]
	VAR BB = [库存分析.库龄分析.累计销售数量]
	VAR A = [库存分析.趋势分析.库存数量]
	VAR B =
	  MAX ('D 日期表'[Date])
	VAR X =
	  FILTER (ALL ('D 日期表'[Date]), [库存分析.库龄分析.累计入库数量] > BB && 'D 日期表'[Date] <= B)
	VAR Y =
	  ADDCOLUMNS (
	    X,
	    "剩余数量", VAR XX = [库存分析.库龄分析.累计入库数量]−BB RETURN MIN (XX, [库存分析.趋势分析.入库数量]),
	    "剩余天数", DATEDIFF ([Date], B, DAY)
	  )
	RETURN
	  SUMX (Y, [剩余数量] / A * [剩余天数])

库存分析.库龄分析.库存金额(按库龄)	库存分析.库龄分析.库存金额(按库龄) = VAR X = CALCULATE ([库存分析.趋势分析.期末库存金额], FILTER ('D 产品表', [库存分析.库龄分析.平均库龄] >= MIN ('库龄分类辅助表'[最小值]) && [库存分析.库龄分析.平均库龄] < MAX ('库龄分类辅助表'[最大值]))) RETURN X

3. 创建过程

在可视化窗格中选择"环形图",将库龄分类辅助表中的"库龄分类"拖放至"图例",将"库存分析.库龄分析.库存金额(按库龄)"拖放至"值",如图6-30所示。最终实现效果如图6-31所示。

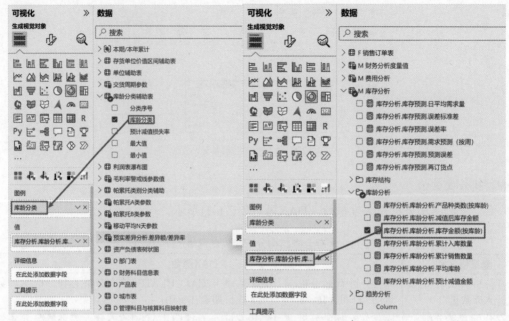

图 6-30　环形图设置

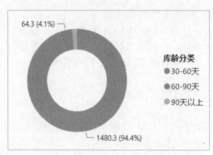

图 6-31　库存金额结构环形图实现效果

(二) 创建期末产品分布结构环形图

1. 相关度量值

期末产品分布结构分析相关度量值及DAX函数如表6-12所示。

表6-12　期末产品分布结构分析相关度量值及DAX函数

度量值名称	DAX函数
库存分析.库龄分析. 产品种类数(按库龄)	库存分析.库龄分析.产品种类数(按库龄) = VAR X = 　CALCULATE (　　COUNTROWS (VALUES ('D 产品表'[产品名称])), 　　FILTER (　　　'D 产品表', 　　　[库存分析.库龄分析.平均库龄] >= MIN ('库龄分类辅助表'[最小值]) 　　　　&& [库存分析.库龄分析.平均库龄] < MAX ('库龄分类辅助表'[最大值]) 　　　) 　) RETURN 　X

2. 创建过程

在可视化窗格中选择"环形图"，把库龄分类辅助表中的"库龄分类"拖放至"图例"，把"库存分析.库龄分析.产品种类数(按库龄)"拖放至"值"，如图6-32所示。最终实现效果如图6-33所示。

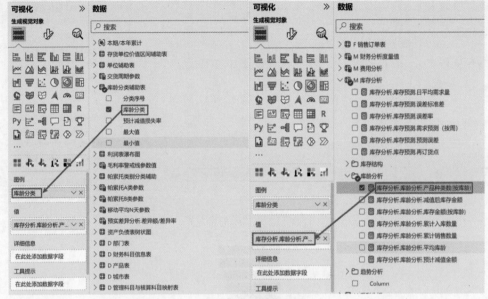

图 6-32　环形图设置

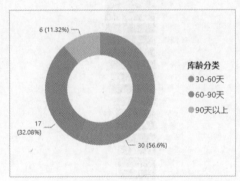

图 6-33　期末产品分布结构环形图实现效果

(三) 创建产品库龄排行簇状条形图

在可视化窗格中选择"簇状条形图"，将产品表中的"产品名称"拖放至"Y轴"，将"库存分析.库龄分析.平均库龄"拖放至"X轴"，如图6-34所示。最终实现效果如图6-35所示。

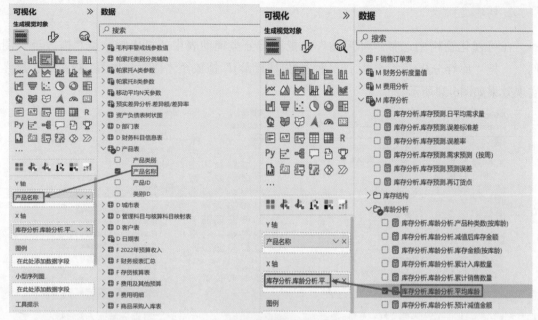

图 6-34　簇状条形图设置

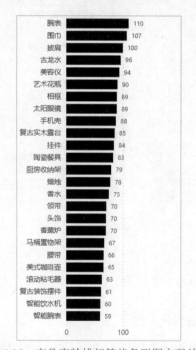

图 6-35　产品库龄排行簇状条形图实现效果

(四) 创建库存金额趋势折线图

在可视化窗格中选择"折线图"，将日期表中的"年""月"拖放至"X轴"，将"库存分析.库龄分析.库存金额(按库龄)"拖放至"Y轴"，如图6-36所示。最终实现效果如图6-37所示。

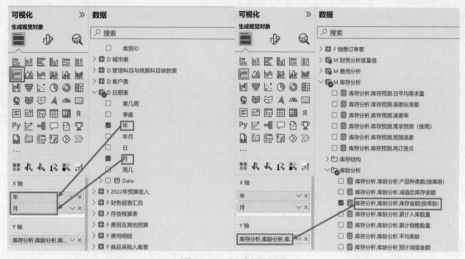

图 6-36 折线图设置

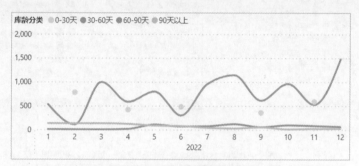

图 6-37 库存金额趋势折线图实现效果

(五) 创建库存金额明细数据矩阵

1. 相关度量值

库存金额明细分析相关度量值及DAX函数如表6-13所示。

表6-13 库存金额明细分析相关度量值及DAX函数

度量值名称	DAX函数
库存分析.库龄分析.预计减值金额	库存分析.库龄分析.预计减值金额 = SUMX (VALUES ('库龄分类辅助表'[预计减值损失率]), [库存分析.库龄分析.库存金额(按库龄)] * '库龄分类辅助表'[预计减值损失率])
库存分析.库龄分析.减值后库存金额	库存分析.库龄分析.减值后库存金额 = [库存分析.趋势分析.期末库存金额]-[库存分析.库龄分析.预计减值金额]

2. 创建过程

在可视化窗格中选择"矩阵",将产品表中的"产品名称"拖放至"行",将"库存分析.趋势分析.存货周转天数""库存分析.趋势分析.期末库存金额""库存分析.趋势分析.售罄率""库存分析.库龄分析.减值后库存金额""库存分析.库龄分析.平均库龄""库存分析.库龄分析.预计减值金额"拖放至"值",如图6-38所示。最终实现效果如图6-39所示。

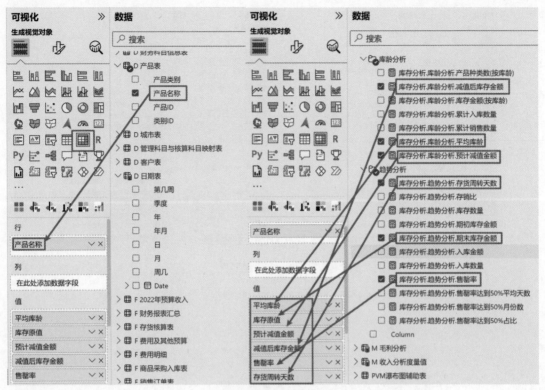

图 6-38　矩阵设置

产品名称	平均库龄	库存原值	预计减值金额	减值后库存金额	售罄率	存货周转天数
破壁机	30.60	510.23	5.10	505.12	87.30%	50.55
智能饮水机	59.71	106.95	1.07	105.88	87.86%	30.62
家用消毒柜	30.00	85.55	0.86	84.69	92.47%	32.91
美容仪	93.75	7.78	0.78	7.01	97.17%	143.50
数码相机	30.00	73.88	0.74	73.14	94.46%	28.96
复古实木露台	85.39	14.74	0.74	14.00	88.59%	165.50
电热茶壶	30.00	72.77	0.73	72.05	88.21%	36.17
挂件	84.11	11.49	0.57	10.91	101.52%	139.87
披肩	99.88	5.72	0.57	5.15	104.39%	114.23
电动刮胡刀	44.57	56.97	0.57	56.40	94.09%	27.44
智能手环	30.00	53.50	0.54	52.97	95.20%	35.60
复古拍立得	30.00	51.37	0.51	50.86	99.30%	35.82
家用电磁炉	36.24	51.01	0.51	50.50	91.20%	45.72
智能化妆镜	30.00	47.47	0.47	46.99	87.93%	43.70
古龙水	96.15	4.21	0.42	3.79	117.33%	132.43
小电饭煲	49.67	39.61	0.40	39.21	89.10%	33.19
电微波炉	33.89	37.45	0.37	37.07	93.59%	40.46
家用路由器	41.55	35.93	0.36	35.57	94.54%	30.56
围巾	106.87	3.53	0.35	3.18	111.67%	140.01
空气炸锅	30.00	33.07	0.33	32.74	99.05%	33.40
小型吸尘器	30.00	32.39	0.32	32.07	101.46%	37.88
陶瓷餐具	82.78	6.12	0.31	5.82	102.49%	146.24
电炒锅	37.94	30.49	0.30	30.18	93.67%	31.10
小型榨汁机	30.00	27.63	0.28	27.35	98.80%	28.17
空气净化仪	30.00	26.92	0.27	26.65	96.93%	23.68
艺术花瓶	90.40	2.24	0.22	2.02	106.75%	125.00
总计	33.73	1,568.79	20.44	1,548.36	95.40%	39.18

图 6-39　矩阵实现效果

第七章 销售分析

第一节 销售分析思路

一、分析思路

销售分析是为了理解和优化企业的营收情况，这种分析能帮助企业识别增长机会、优化营销策略并提高盈利能力。销售分析从整体分析、产品分析和预算执行分析三个维度展开。

在进行整体分析(见图7-1)时，首先展示销售收入、订单数量、客单价、销售数量、平均单价、连带率和折扣率7个关键数据，整体评估企业的销售能力，然后通过销售收入日增长趋势展示企业销售活动的效果和企业业务增长的能力，最后通过企业销售收入的产品类别占比、渠道占比、会员占比和各省销售收入占比4个维度展示哪些产品、渠道或地区对企业的收入贡献较大，以及哪些客户群体更有价值。

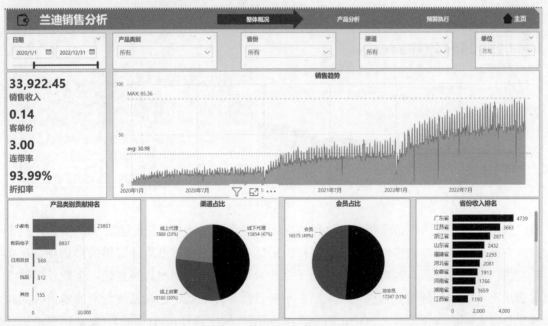

图 7-1　整体分析可视化概览

在进行产品分析(见图7-2)时，首先针对兰迪商贸的产品销售数据应用帕累托原则(80/20法则)进行细致分析，将产品按销售收入的贡献程度分为3个不同的集群。最畅销的产品群占据了总销售额的50%，被归类为集群A，这些产品是公司收入的主力军；占总销售额30%的次畅销产品形成了集群B；余下的产品虽然只占总销售额的20%，却构成了集群C，这表明它们的市场表现相对较弱。深入分析这3个集群，首先观察每个集群产品的累计销售收入占比，以了解其在总销售中的重要性。其次，追踪这些产品的销售收入趋势，识别收入增长稳定、波动或下降的模式，这些趋势反映了市场需求的变化和产品生命周期的不同阶段。然后，通过散点图的辅助，可以直观地标注出问题产品和明星产品。问题产品显示为销售收入低但资源占用高的点，而明星产品则表现为销售收入高并占据市场领先位置的点。这样的视觉工具可以帮助企业快速识别需要关注的产品，以及需要重新定位或淘汰的产品。最后，深入分析每种产品的销售趋势。对于集群A中的产品，重点维持其市场领导地位，提升盈利能力。对于集群B中的产品，探索提升其市场份额的策略。对于集群C中的产品，则需要评估是否值得继续投资或是否应将资源重新分配到更有利可图的产品上。通过这样的分层和综合分析，兰迪商贸能够精确识别关键的盈利驱动因素，为战略决策提供数据支撑，以实现销售最大化和成本优化。

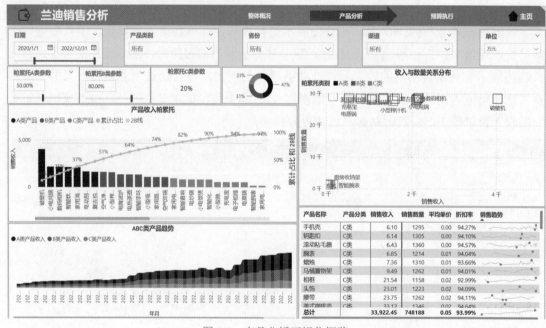

图7-2 产品分析可视化概览

为精细管理和监控销售预算的执行情况，在进行预算执行分析(见图7-3)时需关注两个关键方面：一是每月销售收入与预算目标的对比分析，二是年度累计销售的预算目标与实际完成情况的汇总。这种对比不仅揭示了企业短期预算执行情况，还展现了企业长期财务健康状况。运用分解树分析法，深入剖析不同月份、产品线、区域及省份间的销售收入与预算目标之间的具体差异，包括正面差异(实际销售超出预算)与负面差异(实际销售未达预算)，帮助识别潜在的盈利点和风险区域，实现对市场趋势的透彻洞察。接下来，对产品和区域的预算完成率进行了仔细评估，这一步对于指导企业决策至关重要。通过策略性分析，企业能够更好地理解资源如何得到最有效地配置，以及如何调整市场策略以应对不断变化的业务环境。

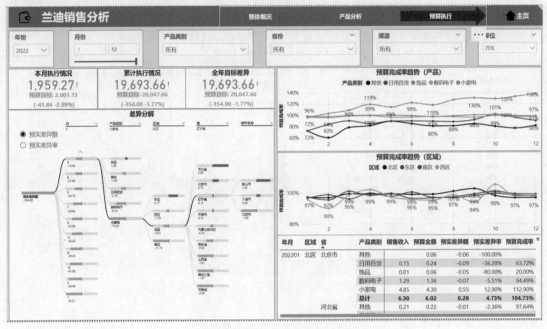

图 7-3　预算执行分析可视化概览

二、数据源及数据建模

(一) 数据源

销售分析中需要的维度表有D 产品表、D 客户表、D 城市表；需要的事实表有F销售订单表、F存货核算表、F2022年预算收入；需要的辅助表有D 日期表和单位辅助表。数据表分类如表7-1所示。

表7-1　数据表分类

数据表种类	数据表名称
维度表	D 产品表、D 客户表、D 城市表
事实表	F销售订单表、F存货核算表、F 2022年预算收入
辅助表	D 日期表和单位辅助表

(二) 关系建模

将数据表进行建模分析，如图7-4所示。销售分析中数据表之间的关联关系如表7-2所示。

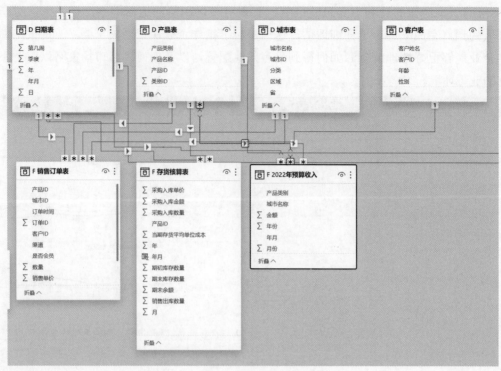

图 7-4　销售分析建模

表7-2　数据表之间的关联关系

关系表	关联字段	关联
D 日期表与F 销售订单表	Date与订单时间	一对多
D 日期表与F 存货核算表	年月	多对多
D 日期表与F 2022年预算收入	年月	多对多
D 产品表与F 存货核算表	产品ID	一对多
D 产品表与F 销售订单表	产品ID	一对多
D 产品表与F 2022年预算收入	产品类别	多对多
D 城市表与销售订单表	城市ID	一对多
D 客户表与F 销售订单表	客户ID	一对多
D 城市表与F 2022年预算收入	城市名称	一对多

第二节　整体分析

一、分析思路

整体分析看板如图7-5所示。该看板主要由切片器、多行卡图、分区图、饼图+簇状条形图4个区域组成，具体如下。

第1区切片器，用于选取日期切片器、产品类别切片器、省份切片器、渠道切片器和单位切片器，每个切片器都可以影响看板中的另外3个区域。

第2区多行卡图，展示销售收入、订单数量、客单价、销售数量、平均单价、连带率和折扣率7个关键数据的具体信息。

第3区分区图，展示销售收入的日变动趋势。

第4区饼图+簇状条形图，展示不同产品类别的贡献排名、不同渠道的销售额占比、会员与非会员的销售额占比，以及不同省份的销售收入排名。

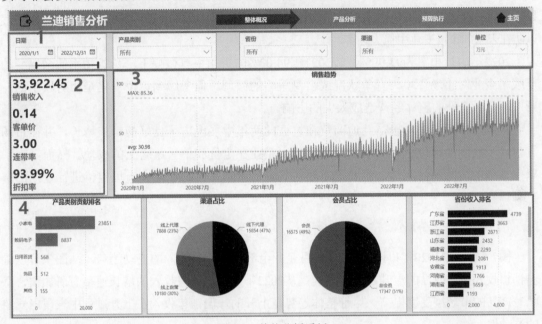

图7-5　整体分析看板

二、具体分析过程

一般而言，企业的销售收入是根据企业销售的产品数量和各种产品的售价来确定的，影响收入的因素有多种，包括产品的种类与质量、品牌影响力、市场策略、销售渠道、季节性影响等。

(一) 核心指标分析

根据整体分析看板可知，兰迪商贸在2020—2022年共取得销售收入33,922.45万元，调整切片器可以得到2020年销售收入为4,141.18万元，2021年销售收入为10,087.61万元，2022年销售收入为19,693.66万元。这意味着，从2020年到2022年，销售收入增长了376%。这是一个极高的增长率，表明随着疫情形势的逐步好转，企业在这两年有非常好的销售增长。

客单价是一个关键的零售指标，表示顾客每次购买时平均花费的金额。2022年客单价为1,360元，2021年客单价为1,363元，2020年客单价为1,357元，而兰迪商贸的定价处于中低价位，较高的客单价依赖于客户每次购买时会选购多件商品，从侧面显示客户具有较高的忠诚度，但是如果收入过多地依靠高客单价，那么在经济不景气或消费者购买力下降的时候，企业会面临较大的风险。

连带率是一个用于衡量顾客购买多件商品的频率的零售指标。具体来说，连带率表示每次购买的商品数量。兰迪商贸的连带率为3意味着顾客每次平均购买3件商品。从兰迪商贸的产品价格可以看出，价格较为亲民，可以使顾客有物超所值的感觉，顾客会选择多种颜色或款式的同一商品，而不只是满足于购买单一款式。较低的价格还可以降低顾客感知的购买风险，如果顾客认为价格合理且购买风险较低，他们就更愿意试用多种商品。另外，定价较低可以吸引更多价格敏感的顾客，这部分顾客会因为价格优势而选择多买，以备日后使用或赠送。虽然高连带率是积极的，但企业也需要注意不要过度依赖特定的促销策略，以防在未来的市场变化中损失顾客。

2022年的折扣率为93.99%，较2021年94.02%的折扣率有微幅下降。折扣率的微幅变动反映了企业对市场环境、竞争状况或自身策略的微调。但考虑到这个变化是相对较小的，所以不会对企业的整体经营造成太大的影响。

从以上指标可以看出，兰迪商贸在过去的两年中展现出了良好的销售增长，并在市场上建立了稳固的地位，较高的连带率显示出企业在定价和销售策略上的成功。然而，为了确保持续的成功和盈利性，企业仍需要对其定价策略、促销活动和市场定位进行定期的审查和调整。

(二) 销售趋势分析

图7-6展示了2020年1月—2022年12月企业全部产品销售收入的变动趋势。从图中可以看出销售收入呈现明显的上升趋势，尤其是从2022年开始，销售收入的增长速率有所加快，意味着产品的市场接受度提高。尽管整体趋势是上升的，但销售收入在上升过程中表现出一定的波动性。

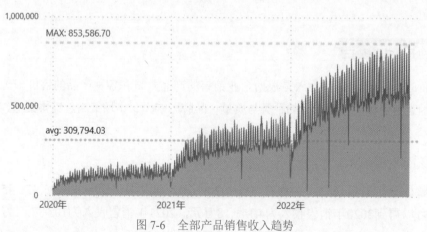

图 7-6　全部产品销售收入趋势

以企业的数码电子产品的销售收入趋势(见图7-7)为例，基于产品的生命周期理论，可以发现数码电子产品在2020年销售收入增长缓慢，2021年销售收入增速加快，产品逐步从引入期过渡到成长期，逐步获得市场认可，并快速增加了市场份额。从2022年开始，销售收入在较高水平上保持稳定，产品逐步过渡到成熟期，销售收入因为市场的稳定需求而保持相对稳定。

图 7-7　数码电子产品销售收入趋势

(三) 销售收入排名分析

1. 簇状条形图(产品类别贡献排名)

该簇状条形图显示了不同产品类别的销售额排名。销售额最高的类别是"小家电",销售额超过了2.3亿元,其次是"数码电子",销售额约为0.88亿元,其他类别(如"日用百货"和"饰品"等)的销售额相对较低。

2. 饼图(渠道占比)

该饼图展示了不同渠道的销售额占比。其中,"线下代理"占比为47%,"线上代理"和"线上自营"的占比分别为23%和30%,表明线上与线下渠道的销售占比较为均衡。

3. 饼图(会员占比)

该饼图表示的是会员与非会员的销售额占比。非会员的销售额略高于会员的销售额,分别为51%和49%。

4. 簇状条形图(省份收入排名)

该簇状条形图列出了各个省份的销售额排名。排名第一的是"广东省",销售额接近0.47亿元,紧随其后的是"江苏省"和"浙江省"。

根据这些图表(见图7-8)可以得出的结论是,小家电是销售额最高的产品类别,线上渠道是最主要的销售渠道,非会员的销售额略高于会员,而广东省是销售额最高的省份。这些数据可以帮助企业了解哪些产品类别最受欢迎、哪种销售渠道最有效,以及地域市场的销售情况,从而为市场营销策略和产品分布提供依据。

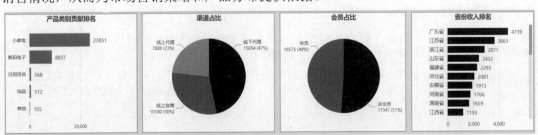

图 7-8　饼图及簇状条形图

三、整体分析看板的Power BI实现过程

(一) 创建切片器

以日期切片器为例介绍切片器的创建方法。在可视化窗格中选择"切片器",设置字段为"Date"。在"视觉对象"选项中执行"切片器设置"|"选项"命令,设置样式为"介于",如图7-9所示。其他切片器的创建方法类似,最终实现效果如图7-10所示。

图 7-9 切片器设置

图 7-10 切片器实现效果

(二) 创建多行卡图

1. 相关度量值

关键指标分析相关度量值及DAX函数如表7-3所示。

表7-3 关键指标分析相关度量值及DAX函数

度量值名称	DAX函数
收入分析.整体概况.销售收入	收入分析.整体概况.销售收入 = DIVIDE(SUM('F 销售订单表'[销售价格]), SELECTEDVALUE('单位辅助表'[倍率]))
收入分析.整体概况.客单价	收入分析.整体概况.订单数量 = DISTINCTCOUNT('F 销售订单表'[订单ID]) 收入分析.整体概况.客单价 = DIVIDE([收入分析.整体概况.销售收入],[收入分析.整体概况.订单数量])

(续表)

度量值名称	DAX函数
收入分析.整体概况.连带率	收入分析.整体概况.销售数量 = SUM('F 销售订单表'[数量]) 收入分析.整体概况.连带率 = DIVIDE([收入分析.整体概况.销售数量],[收入分析.整体概况.订单数量])
收入分析.整体概况.折扣率	收入分析.整体概况.折扣率 = DIVIDE([收入分析.整体概况.销售收入],DIVIDE(SUMX('F 销售订单表', 'F 销售订单表'[原单价]*'F 销售订单表'[数量]),SELECTEDVALUE('单位辅助表'[倍率])))

2. 创建过程

在可视化窗格中选择"多行卡图"，设置字段为"销售收入""客单价""连带率"和"折扣率"，如图7-11所示。最终实现效果如图7-12所示。

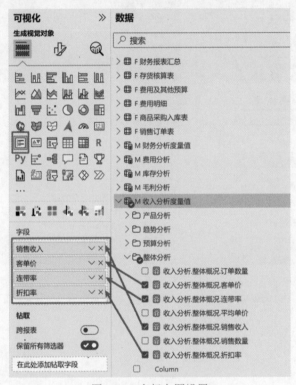

图 7-11　多行卡图设置

图 7-12　多行卡图实现效果

(三) 创建分区图

在可视化窗格中选择"分区图",设置X轴为日期表中的"Date",设置Y轴为"销售收入",如图7-13所示。最终实现效果如图7-14所示。

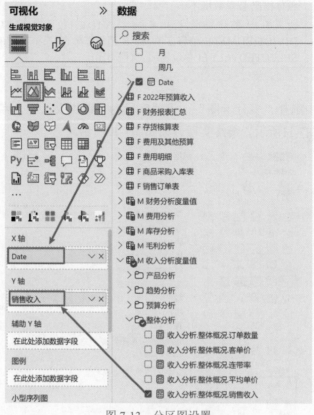

图 7-13　分区图设置

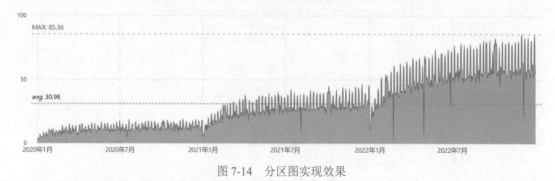

图 7-14　分区图实现效果

(四) 创建簇状条形图(产品类别贡献排名)

在可视化窗格中选择"簇状条形图",设置Y轴为产品表中的"产品类别",设置X轴为"销售收入",如图7-15所示。最终实现效果如图7-16所示。

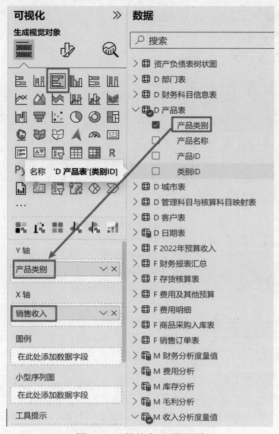

图 7-15　簇状条形图设置

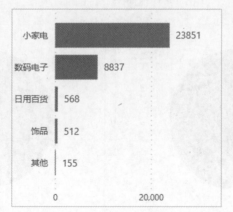

图 7-16　产品类别贡献排名簇状条形图实现效果

(五) 创建饼图(渠道占比及会员占比)

渠道占比饼图的创建：在可视化窗格中选择"饼图"，将销售订单表中的"渠道"拖放至"图例"，将"收入分析.整体概况.销售收入"拖放至"值"，如图7-17所示。会员占比饼图的创建方法类似。最终实现效果如图7-18所示。

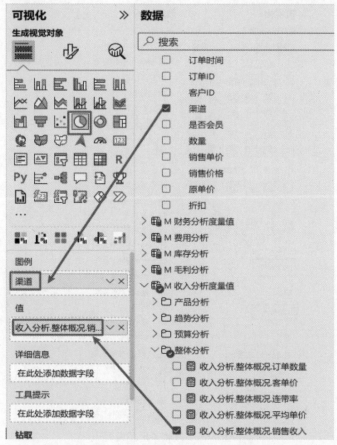

图 7-17　渠道占比饼图的创建设置

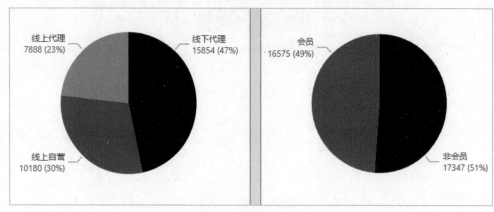

图 7-18　渠道占比及会员占比饼图实现效果

(六) 创建簇状条形图(省份收入排名)

在可视化窗格中选择"簇状条形图"，将城市表中的"省"拖放至"Y轴"，将"收入分析.整体概况.销售收入"拖放至"X轴"，如图7-19所示。最终实现效果如图7-20所示。

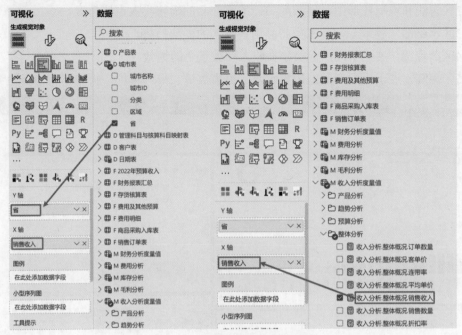

图 7-19　簇状条形图的创建设置

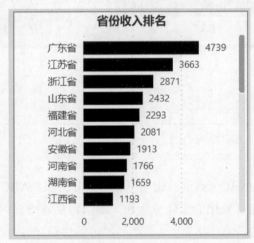

图 7-20　省份收入排名簇状条形图实现效果

第三节　产品分析

一、分析内容

　　产品分析看板如图7-21所示。该看板主要由切片器、折线和堆积柱形图、丝带图、散点图、矩阵5个区域组成，具体如下。

　　第1区切片器，用于选取日期切片器、产品类别切片器、省份切片器、渠道切片器和单位切片器，每个切片器都可以影响看板中的另外4个区域。

第2区折线和堆积柱形图，展示A、B、C类产品的销售收入占比情况。

第3区丝带图，展示A、B、C类产品销售收入的变动趋势。

第4区散点图，展示不同产品类别在收入和数量上的绩效。

第5区矩阵，展示不同产品的销售收入、销售数量、平均单价、折扣率和销售趋势。

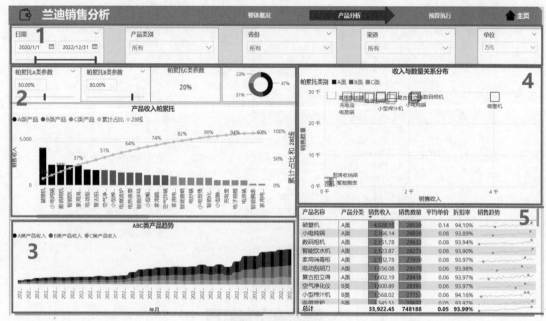

图7-21　产品分析看板

二、具体分析过程

(一) 帕累托分析

帕累托分析法又称为ABC分类法，也叫主次因素分析法，ABC 分类模式根据值对实体进行分类，将占总数一定百分比的实体分组在一起。将兰迪商贸的所有产品基于销售收入细分，占总销售额50%的畅销产品属于A类产品，占销售额30%的产品属于B类产品，占销售额20%的产品属于 C 类产品。

产品收入帕累托分析图(见图7-22)结合了柱形图和折线图，横轴表示不同的产品种类，纵轴左侧表示销售收入，右侧是累计百分比。图中的柱形图表示每个产品种类的销售收入，而折线图则表示累积的销售百分比。从左到右，产品种类根据销售收入进行排序，最左边的产品销售收入最高。该图详细地展示了产品种类与销售收入之间的关系，并按销售收入由高到低排列。根据帕累托原则，该图用于识别哪种少数因素(产品种类)是销售收入的主要来源。

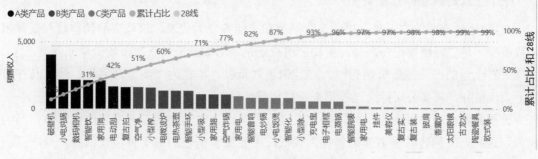

图 7-22　产品收入帕累托分析图

通过图7-22可以看出，最左边的产品销售额最高，破壁机的销售收入占总销售额的12%，其次是小电炖锅，销售收入占总销售额的6%，销售收入高度集中在前几个产品种类。A类产品包含破壁机、小电炖锅、数码相机、智能饮水机、家用消毒柜、电动刮胡刀和复古拍立得，销售收入占总销售额的50%，这些产品是企业收入的主要来源，对于业务战略和库存管理至关重要，需要进行特别的关注和维护。B类产品包含空气净化仪、小型榨汁机、电微波炉、电热茶壶、智能手环、小型吸尘器、家用路由器和空气炸锅，销售收入占总销售额的30%，这些产品是有潜力提升销售额的产品。C类产品占总销售额的20%，对于这类产品企业需要重新评估，考虑是否需要改进、促销或淘汰。

折线图显示了销售收入累计百分比随产品种类增加的变化。累计曲线在初期上升迅速，表明少数A类产品贡献了大部分销售收入。随着产品种类的增加，曲线逐渐变缓，这表明每增加一个产品种类，对总销售额的贡献越来越小。这些信息为管理层提供了决策的依据，即集中资源和营销支持在畅销的产品(A类产品)上，提升B类产品的销售策略，以及重新评估C类中的产品线。

(二) 产品销售趋势分析

ABC类产品销售趋势分析图(见图7-23)展示了A、B、C三类产品的销售收入随时间的变动情况，以及各类产品对销售收入的相对贡献。在2022年3月之前，A、B、C三类产品的销售收入差距不大，表明之前各类产品在销售上相对均衡。而从3月份开始，差距开始显著拉开，主要由于某些产品类别受到了额外的市场推动力，公司更加侧重高价值产品的销售和营销。公司在此期间调整了其产品管理策略，对A类产品增加投入，优化了B、C类产品的库存管理。鉴于A类产品2022年销售收入的增长态势，公司需要重新进行资源分配，确保供应链优化、库存水平和营销策略与销售收入的增长保持一致。

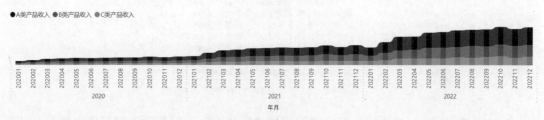

图 7-23　ABC 类产品销售趋势分析图

(三) 收入与数量散点图分析

在第4区散点图的左下角，以厨房收纳架和智能腕表为代表，这些产品销售收入低且销售数量少，是"问题标记"产品，需要公司决定是否增加投资以获得市场份额或剥离。

在右上角的产品破壁机销售收入高且销售数量多，被视为"明星产品"。该产品在市场上表现良好，需要公司持续地投资来保持市场地位。

公司大部分产品处在左上角，以充电宝、电蒸锅、电动刮胡刀和家用路由器等产品为代表，这些产品销售数量多但销售收入较低，主要原因是它们属于价格较低的大众产品，需要公司改变策略来提高盈利性或进行市场定位的调整。

(四) 产品销售数据分析

产品销售数据矩阵如图7-24所示。A类产品由于其销售额高，占据了销售总额的大部分，是企业最重要的产品，需要重点关注和优化。从图7-24中可以看出，A类产品的单价和销售数量均较高，说明其具有较高的市场接受度和市场单价；B类产品销售额居中，在销售总额中也占有重要份额，但是仍然不如A类产品在市场上受欢迎；个别C类产品的销售数量和B类产品接近，但是由于单价较低，销售额占比较低。

产品名称	产品分类	销售收入	销售数量	平均单价	折扣率	销售趋势
电动刮胡刀	A类	16,560,756.00	29370	563.87	93.98%	
复古拍立得	A类	16,021,944.00	28418	563.80	93.97%	
家用消毒柜	A类	21,027,816.00	27970	751.80	93.97%	
破壁机	A类	40,281,525.00	28539	1,411.46	94.10%	
数码相机	A类	21,517,752.00	28633	751.50	93.94%	
小电炖锅	A类	21,661,360.00	28838	751.14	93.89%	
智能饮水机	A类	21,238,688.00	28273	751.20	93.90%	
电热茶壶	B类	13,359,545.00	28452	469.55	93.91%	
电微波炉	B类	13,455,120.00	28637	469.85	93.97%	
家用路由器	B类	10,631,236.00	28260	376.19	94.05%	
空气净化仪	B类	16,008,906.00	28393	563.83	93.97%	
空气炸锅	B类	10,590,444.00	28141	376.34	94.08%	
小型吸尘器	B类	10,799,964.00	28716	376.10	94.02%	
小型榨汁机	B类	15,680,160.00	27753	564.99	94.16%	
智能手环	B类	13,277,055.00	28251	469.97	93.99%	
充电宝	C类	5,393,458.00	28744	187.64	93.82%	
厨房收纳架	C类	340,905.00	1217	280.12	93.37%	
电炒锅	C类	8,115,819.00	28787	281.93	93.98%	
电蒸锅	C类	5,290,682.00	28184	187.72	93.86%	
电子相框	C类	5,377,396.00	28594	188.06	94.03%	
耳机	C类	381,336.00	1361	280.19	93.40%	
风水摆件	C类	416,829.60	1162	358.72	94.40%	
复古实木露台	C类	943,224.00	1253	752.77	94.10%	
复古装饰摆件	C类	698,814.00	1244	561.75	93.62%	
古龙水	C类	477,244.00	1265	377.27	94.32%	
挂件	C类	1,051,245.00	1236	850.52	94.50%	
滚动粘毛器	C类	64,304.50	1360	47.28	94.57%	
家用电吹风	C类	1,646,929.80	29214	56.37	93.96%	
家用电磁炉	C类	9,315,449.50	28310	329.05	94.01%	
蜡烛	C类	73,618.20	1310	56.20	93.66%	
领带	C类	350,901.00	1252	280.27	93.42%	
马桶置物架	C类	94,908.80	1262	75.21	94.01%	
美容仪	C类	948,640.00	1270	746.96	93.37%	
总计			339,224,467.20	748188	453.39	93.99%	

图 7-24　产品销售数据矩阵

总的来说，图7-24提供了一个全面的销售性能概览，可以帮助管理层确定哪些产品是收入的主要来源、哪些产品需要更多的营销支持，以及哪些产品需要重新评估其在产品组合中的位置。通过分析这些数据，企业可以制定更有效的销售策略和产品发展计划。

三、产品分析看板的Power BI 实现过程

(一) 创建切片器及卡片图

1. 相关度量值

切片器相关度量值及DAX函数如表7-4所示。

表7-4　切片器相关度量值及DAX函数

度量值名称	DAX函数
帕累托A类参数	帕累托A类参数 = GENERATESERIES(CURRENCY(0), CURRENCY(1), CURRENCY(0.01)) 帕累托A类参数值=SELECTEDVALUE('帕累托A类参数'[帕累托A类参数])
帕累托B类参数	帕累托B类参数 = GENERATESERIES(CURRENCY(0), CURRENCY(1), CURRENCY(0.01)) 帕累托B类参数值 = SELECTEDVALUE('帕累托B类参数'[帕累托B类参数])
收入分析.产品分析.C类参数	收入分析.产品分析.C类参数 = 1-[帕累托B类参数值]

2. 切片器创建

以帕累托A类参数切片器的创建为例。在可视化窗格中选择"切片器"，设置字段为"帕累托A类参数"。在"视觉对象"选项中执行"切片器设置"|"选项"命令，设置样式为"单个值"，如图7-25所示。帕累托B类参数和帕累托C类参数切片器的创建方法类似。

图 7-25　切片器创建的设置

日期切片器、产品类别切片器、省份切片器、渠道切片器和单位切片器与上述切片器的创建方法一样。

3. 卡片图创建

在可视化窗格中选择"卡片图"，设置字段为"收入分析.产品分析.C类参数"，如图7-26所示。

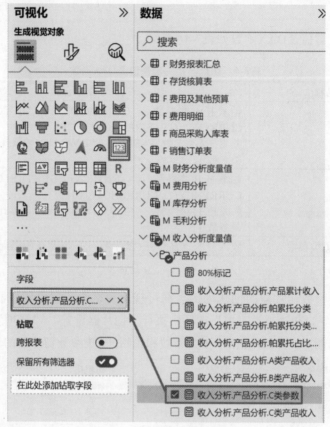

图 7-26　卡片图创建的设置

4. 实现效果

切片器及卡片图实现效果如图7-27所示。

图 7-27　切片器及卡片图实现效果

(二) 创建ABC类产品收入占比环形图

1. 相关度量值

ABC类产品收入占比分析相关度量值及DAX函数如表7-5所示。

表7-5 ABC类产品收入占比分析相关度量值及DAX函数

度量值名称	DAX函数
收入分析.产品分析.产品累计收入	收入分析.产品分析.产品累计收入 = VAR X = [收入分析.整体概况.销售收入] VAR Y = FILTER (ALL ('D 产品表'[产品名称]), [收入分析.整体概况.销售收入] >= X) RETURN CALCULATE ([收入分析.整体概况.销售收入], Y)
收入分析.产品分析.帕累托占比.收入	收入分析.产品分析.帕累托占比.收入 = VAR X = CALCULATE ([收入分析.整体概况.销售收入], ALL ('D 产品表'[产品名称])) VAR Y = DIVIDE ([收入分析.产品分析.产品累计收入], X) RETURN Y
收入分析.产品分析.A类产品收入	收入分析.产品分析.A类产品收入 = VAR X = [帕累托A类参数 值] VAR Y = CALCULATE ([收入分析.整体概况.销售收入], FILTER (VALUES ('D 产品表'[产品名称]), [收入分析.产品分析.帕累托占比.收入] <= X)) RETURN Y
收入分析.产品分析.B类产品收入	收入分析.产品分析.B类产品收入 = VAR X = [帕累托A类参数 值] VAR Y = [帕累托B类参数 值] VAR Z = CALCULATE ([收入分析.整体概况.销售收入], FILTER (VALUES ('D 产品表'[产品名称]), [收入分析.产品分析.帕累托占比.收入] > X && [收入分析.产品分析.帕累托占比.收入]<=Y)) RETURN Z
收入分析.产品分析.C类产品收入	收入分析.产品分析.C类产品收入 = VAR X = [帕累托A类参数 值] VAR Y = [帕累托B类参数 值] VAR Z =CALCULATE ([收入分析.整体概况.销售收入], FILTER (VALUES ('D 产品表'[产品名称]), [收入分析.产品分析.帕累托占比.收入] > Y)) RETURN Z

2. 创建过程

在可视化窗格中选择"环形图",将"收入分析.产品分析.A类产品收入""收入分析.产品分析.B类产品收入""收入分析.产品分析.C类产品收入"拖放至"值",如图7-28所示。最终实现效果如图7-29所示。

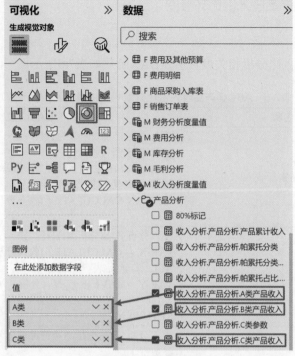

图 7-28 环形图设置

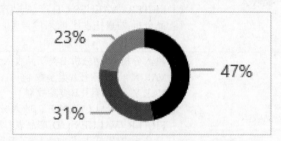

图 7-29 ABC 类产品收入占比环形图实现效果

(三) 创建折线和堆积柱形图

1. 相关度量值

折线和堆积柱形图相关度量值及DAX函数如表7-6所示。

表7-6 折线和堆积柱形图相关度量值及DAX函数

度量值名称	DAX函数
80%标记	80%标记 = 0.8

2. 创建过程

在可视化窗格中选择"折线和堆积柱形图",将产品表中的"产品名称"拖放至"X轴";将"收入分析.产品分析.A类产品收入""收入分析.产品分析.B类产品收入""收入分析.产品分析.C类产品收入"拖放至"列y轴";将"80%标记"和"收入分析.产品分析.帕累托占比.收入"拖放至"行y轴",如图7-30所示。最终实现效果如图7-31所示。

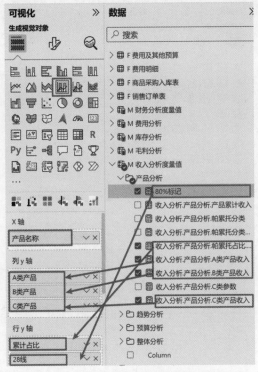

图 7-30　折线和堆积柱形图设置

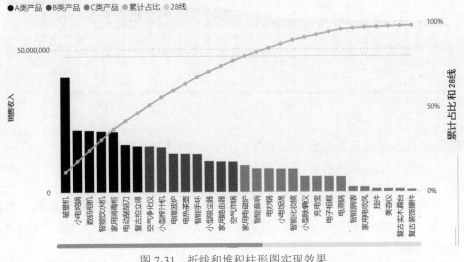

图 7-31　折线和堆积柱形图实现效果

(四) 创建丝带图

在可视化窗格中选择"丝带图"，将日期表中的"年""年月"拖放至"X轴"，将"收入分析.产品分析.A类产品收入""收入分析.产品分析.B类产品收入""收入分析.产品分析.C类产品收入"拖放至"Y轴"，如图7-32所示。最终实现效果如图7-33所示。

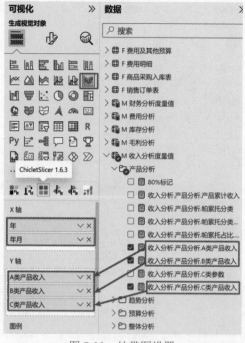

图 7-32　丝带图设置

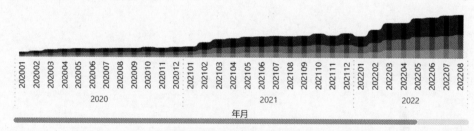

图 7-33　丝带图实现效果

(五) 创建收入与数量关系分布散点图

1. 新建表

在"表格视图"中，执行"表工具"|"新建表"命令，设置表格名称为"帕累托类别分类辅助"，在第一列输入序号，在第二列输入帕累托类别为"A类""B类"和"C类"，如图7-34所示。

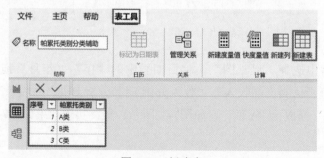

图 7-34　新建表

2. 相关度量值

收入与数量关系分布分析相关度量值及DAX函数如表7-7所示。

表7-7　收入与数量关系分布分析相关度量值及DAX函数

度量值名称	DAX函数
收入分析.产品分析.帕累托分类收入	收入分析.产品分析.帕累托分类收入 = VAR X = [帕累托A类参数 值] VAR Y = [帕累托B类参数 值] VAR C = ADDCOLUMNS (VALUES ('D 产品表'[产品名称]),"帕累托占比", [收入分析.产品分析.帕累托占比.收入], "收入", [收入分析.整体概况.销售收入]) VAR D = ADDCOLUMNS (C, "分类", SWITCH (TRUE (),[帕累托占比] <= X, "A类", [帕累托占比] > X && [帕累托占比] <= Y, "B类",[帕累托占比] > Y, "C类")) RETURN SUMX (FILTER (D, [分类] = SELECTEDVALUE ('帕累托类别分类辅助'[帕累托类别])), [收入])

3. 创建过程

在可视化窗格中选择"散点图"，将产品表中的"产品名称"拖放至"值"，将"收入分析.产品分析.帕累托分类收入"拖放至"X轴"，将"收入分析.整体概况.销售数量"拖放至"Y轴"，将帕累托类别分类辅助表中的"帕累托类别"拖放至"图例"，如图7-35所示。最终实现效果如图7-36所示。

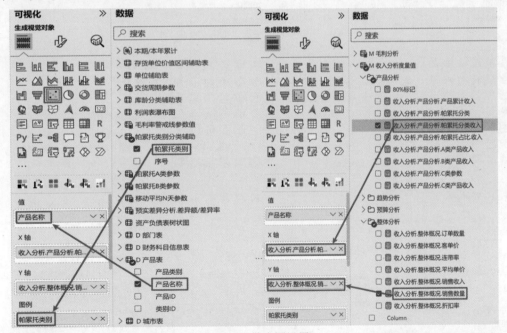

图 7-35　散点图设置

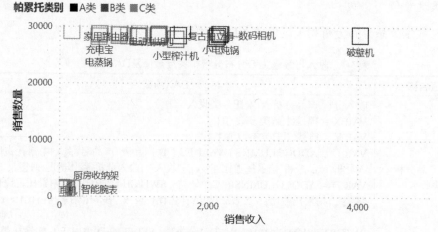

图 7-36　收入与数量关系分布散点图实现效果

(六) 创建产品销售明细矩阵

在可视化窗格中选择"矩阵"，将产品表中的"产品名称"拖放至"行"，将"收入分析.产品分析.帕累托分类""收入分析.整体概况.销售收入""收入分析.整体概况.销售数量""收入分析.整体概况.平均单价""收入分析.整体概况.折扣率"拖放至"值"，如图7-37所示。

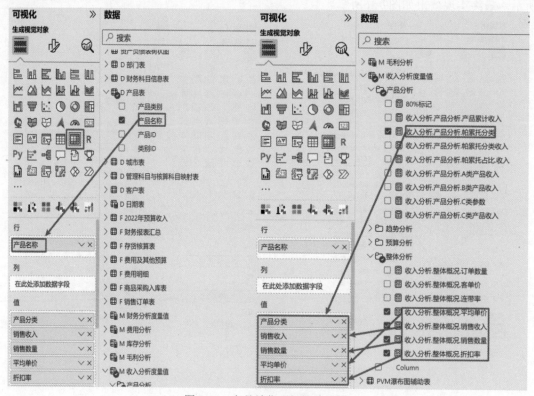

图 7-37　产品销售明细矩阵设置

制作销售收入的迷你趋势图，右击"销售收入"，选择"添加迷你图"选项，将Y轴设置为"收入分析.整体分析.销售收入"，将X轴设置为日期表中的"Date"字段，如图7-38所示。

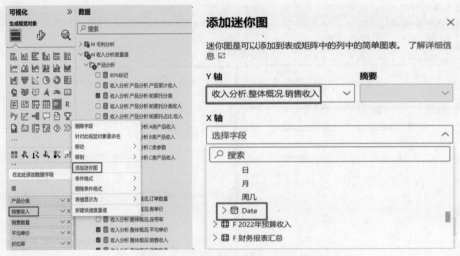

图 7-38　销售收入的迷你趋势图设置

产品销售明细矩阵实现效果如图7-39所示。

产品名称	产品分类	销售收入	销售数量	平均单价	折扣率	销售趋势
电动刮胡刀	A类	1,656.08	29370	0.06	93.98%	
复古拍立得	A类	1,602.19	28418	0.06	93.97%	
家用消毒柜	A类	2,102.78	27970	0.08	93.97%	
破壁机	A类	4,028.15	28539	0.14	94.10%	
数码相机	A类	2,151.78	28633	0.08	93.94%	
小电炖锅	A类	2,166.14	28838	0.08	93.89%	
智能饮水机	A类	2,123.87	28273	0.08	93.90%	
电热茶壶	B类	1,335.95	28452	0.05	93.91%	
电微波炉	B类	1,345.51	28637	0.05	93.97%	
家用路由器	B类	1,063.12	28260	0.04	94.05%	
总计		**33,922.45**	**748188**	**0.05**	**93.99%**	

图 7-39　产品销售明细矩阵实现效果

第四节　预算执行分析

一、分析内容

预算执行分析看板如图7-40所示。该看板主要由切片器、KPI图、分解树、折线图+矩阵4个区域组成，具体如下。

第1区切片器，用于选取年份切片器、月份切片器、产品类别切片器、省份切片器、渠道切片器和单位切片器，每个切片器都可以影响看板中的另外3个区域。

第2区KPI图，展示本月预算执行情况、本年累计执行情况和全年目标差异情况。

第3区分解树，展示各月份预算差异额和预算差异率。

第4区折线+矩阵，展示分产品和分区域的预算完成率趋势。

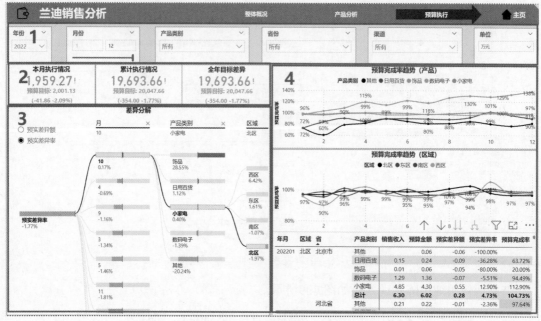

图 7-40 预算执行分析看板

二、具体分析过程

(一) 预实差异分解

1. 分析步骤

通过计算实际收入与预算之间的差异，企业可以识别绩效与预期相比有显著差异的领域。通过预实差异分解图(见图7-41)，可以看到不同月份、不同产品类别、不同区域、不同省市的收入差异情况。差异通过水平条形显示，蓝色(深色)条形表示实际收入高于预算(有利差异)，橙色(浅色)条形表示实际收入低于预算(不利差异)。

分析图7-41可以基于以下步骤：一是识别高差异趋势，观察哪些月份或区域的收入差异最大，这表明特定时间或地点的销售策略需要调整；二是产品层面分析，分析不同产品在不同区域和月份的表现，确定哪些产品超出预期、哪些未达预期；三是深入了解不利差异，特别关注那些实际收入远低于预算的区域和月份，寻找原因，如市场状况、竞争对手行为、价格变动或内部执行问题；四是挖掘有利差异的原因，对于实际收入超过预算的情况，了解这种情况是如何发生的，是否可以复制这种成功到其他区域或产品；五是确定行动计划，基于差异分析结果，制订改进计划，包括调整预算、改变销售策略或优化产品组合等。

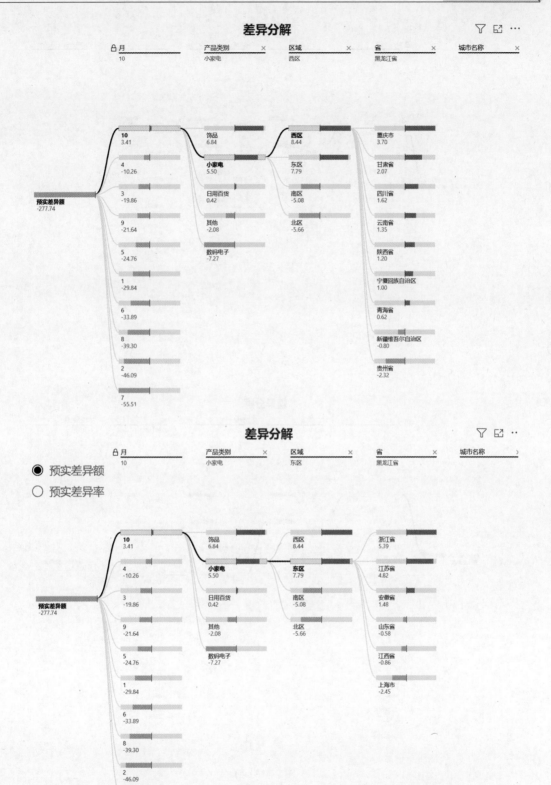

图 7-41 预实差异分解图

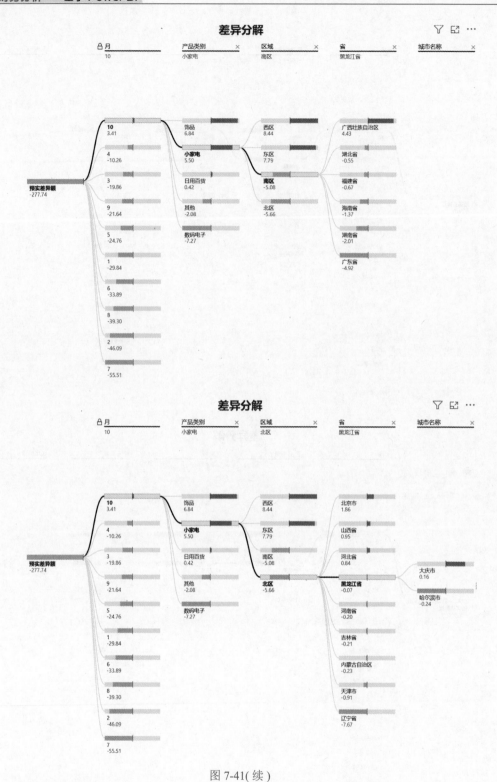

图 7-41(续)

2. 兰迪商贸有利差异

从兰迪商贸的预实差异分解图来看，2022年10月有一个显著的正向转变，实际销售收入首次超过预算。这一成就主要得益于饰品和小家电两大类商品的杰出表现。特别是小家电，其实际销售收入超出预算，达到了5.5万元，表明消费者对此类商品的高需求及市场营销活动的成功。

地区贡献进一步揭示了销售收入的地域分布特点。西区和东区的表现尤为突出，分别贡献了8.44万元和7.79万元的正向差异，在这两个区域中，重庆市和浙江省的表现尤为出色，分别贡献了3.7万元和5.39万元，具体需要分析是否与当地的市场活动、消费者购买力或分销网络的有效性有关。

相比之下，南区和北区的负向贡献(分别为-5.08万元和-5.66万元)揭示了一些潜在问题。虽然广西壮族自治区在南区实现了4.43万元的有利差异，但广东省的表现却不尽如人意，出现了-4.92万元的不利差异，这反映了区域市场竞争激烈或供应链出现了问题。北区的情况尤其值得关注，辽宁省的不利差异高达-7.67万元，具体需要分析是否与当地市场需求或营销策略有关。

在综合分析这些数据时，应当考虑多方面原因，包括但不限于市场营销策略的效果、区域经济状况、消费者偏好的变化、竞争对手动态、季节性因素、价格变动，以及供应链效率。这样的多维度分析不仅有助于理解10月份销售数据背后的原因，还能为制定未来的业务策略提供思路。

3. 兰迪商贸不利差异

在细致审视不利差异分解图(见图7-42)后，可以发现该月份的整体表现明显不尽如人意。具体而言，整体不利差异高达-55.51万元，这一显著的负向偏差主要由小家电的销售不振所致，其对整体差异的贡献达-41.25万元。

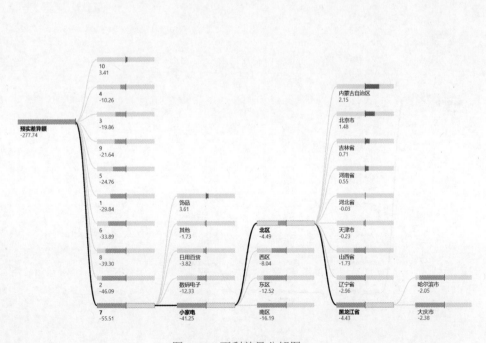

图 7-42　不利差异分解图

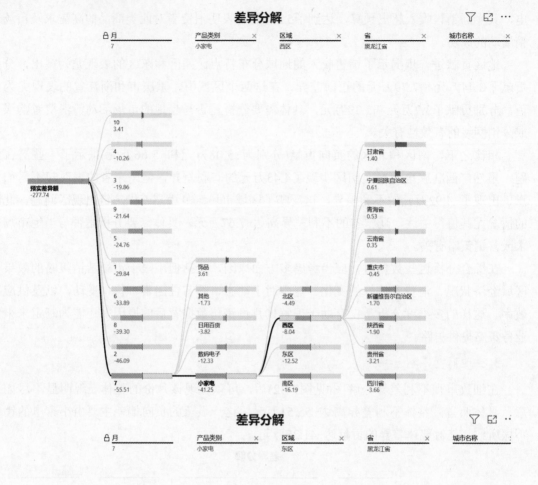

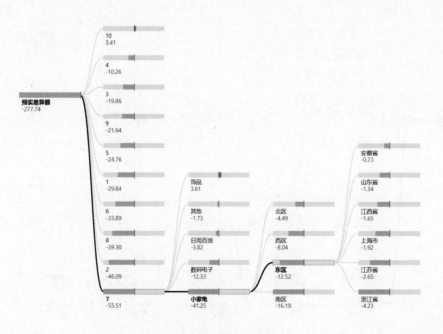

图 7-42(续)

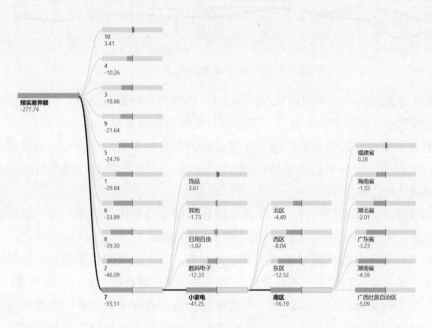

图 7-42(续)

进一步分析小家电的销售数据,南区和东区的不利销售表现尤其突出。南区出现了-16.19万元的显著不利差异,而东区的不利差异也达到了-12.52万元。在东区,浙江省和江苏省的销售收入分别低于预算4.23万元和2.65万元,进一步加剧了整个区域的不利情况。南区的广西壮族自治区和湖南省同样显示出明显的不利差异,分别为-5.09万元和-4.59万元,这与当地市场需求下降及销售策略未能奏效有关。

然而,全国范围内的几个地区确实展现了正向的销售表现,尽管它们的正面贡献相对较小。北区的内蒙古自治区、北京市和吉林省分别贡献了2.15万元、1.48万元和0.71万元的有利差异,而河南省的贡献也有0.55万元。西区虽然整体表现不佳,但甘肃省、宁夏回族自治区、青海省和云南省仍分别实现了1.40万元、0.61万元、0.53万元和0.35万元的正向差异。

除此之外,不利差异还源于产品定价不合理、市场定位不准确、竞争激烈或促销策略不够有效等原因。正向差异虽小,但仍表明在特定区域和情境下,销售策略找到了成功的途径。针对这些表现,企业需要重新评估产品策略,考虑定制化的市场推广计划,并深入分析区域市场的特定需求,以针对性地解决问题,优化整体销售表现。

(二) 产品预算完成率趋势分析

在解读兰迪商贸产品预算完成率趋势图(见图7-43)时,可以明显看到2022年度各类产品的表现情况。

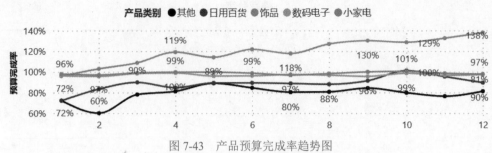

图 7-43　产品预算完成率趋势图

首先，值得注意的是饰品的预算完成率。除在1月份略微未达到预期外，整个年度的其余月份都成功超额完成了预算目标，显示了其稳定且优秀的市场表现。

紧随其后的是小家电和数码电子产品。尽管这两类产品在多数月份的实际销售额未能达到预算目标，但它们的完成率仍旧保持在97%以上，这表明实际销售与预期目标非常接近，反映了相对稳健的市场需求。

日用百货的预算完成率也值得肯定。尽管其预算完成率没有饰品类那样高，但能够维持在80%以上，说明这一领域的产品仍然具有一定的市场基础。

最后注意到其他类产品的预算完成情况不尽如人意，存在较大的预算差距。这暗示了市场趋势的变化，或者是预算设定得不够合理，需要进一步进行市场分析和预算调整。

总体来说，这个趋势图为企业提供了一个清晰的视角，有利于观察不同产品线的市场表现和财务状况。通过这些数据，企业可以评估哪些产品类别表现强劲、哪些需要改进策略，从而对未来的产品开发和市场营销策略进行更精准的决策。

(三) 区域预算完成率趋势分析

通过对区域预算完成率趋势图(见图7-44)的细致观察，可以描绘出2022年各区域销售收入的财务轮廓。

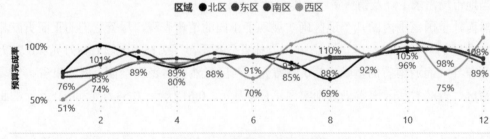

图 7-44　区域预算完成率趋势图

西区的表现值得一提。尽管西区整年的表现比较波动，但在7月、8月、10月和12月，展现了强劲的势头，成功超额完成了预算销售收入目标。这反映出季节性需求的增加及成功的销售策略，尤其是在年中和年末。

东区和南区的情况则更为稳定，它们能够基本保持80%以上的预算完成率。这说明这两个区域在市场上有着坚实的基础，并且能够相对稳定地达成销售目标。

然而，北区的状况似乎较为严峻。除1月份实现了超额完成外，整个年度的其余月份普遍未能达到预期。特别是在8月份，预算完成率跌至69%，显著低于其他月份和区域的表现。对于这样的结果管理层需要深入分析，了解背后的市场动态，并考虑调整销售战略或预算分配。

整体而言，这个趋势图强调了不同区域在销售收入预算完成率方面的差异，为管理层提供了思路，有助于他们在财务规划、资源配置和策略制定等方面做出明智决策。对于表现不佳的区域(如北区)，需要进行特别关注和策略调整以提升其表现。

三、预算执行分析看板的Power BI实现过程

(一) 创建KPI图

1. 相关度量值

KPI图相关度量值及DAX函数如表7-8所示。

表7-8　KPI图相关度量值及DAX函数

度量值名称	DAX函数
收入分析.预算执行.预算金额	收入分析.预算执行.预算金额 = DIVIDE(SUM('F 2022年预算收入'[金额]),SELECTEDVALUE('单位辅助表'[倍率]))
收入分析.预算执行.全年预算金额	收入分析.预算执行.全年预算金额 = CALCULATE([收入分析.预算执行.预算金额],ALL('D 日期表'))

2. 创建过程

在可视化窗格中选择"KPI图"，将"收入分析.整体概括.销售收入"拖放至"值"，将"收入分析.预算执行.预算金额"拖放至"目标"，将日期表中的"月"拖放至"走向轴"，如图7-45所示。其他KPI图的创建方法类似，如图7-46和图7-47所示。

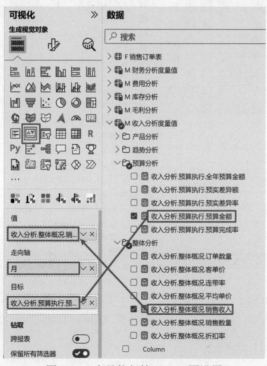

图 7-45　本月执行情况 KPI 图设置

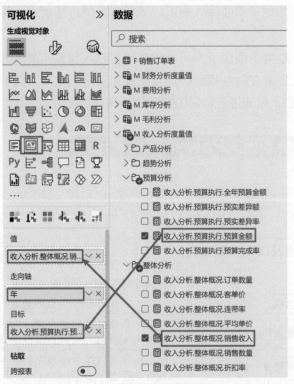

图 7-46　累计执行情况 KPI 图设置

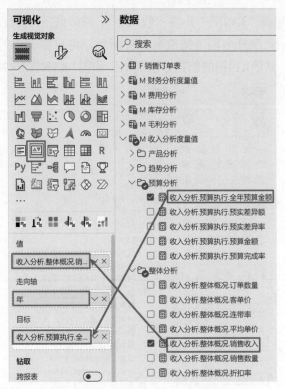

图 7-47　全年目标差异 KPI 图设置

KPI图实现效果如图7-48所示。

本月执行情况	累计执行情况	全年目标差异
1,959.27!	**19,693.66**!	**19,693.66**!
预算目标: 2,001.13	预算目标: 20,047.66	预算目标: 20,047.66
(-41.86 -2.09%)	(-354.00 -1.77%)	(-354.00 -1.77%)

图 7-48　KPI 图实现效果

(二) 创建分解树

1. 相关度量值

分解树相关度量值及DAX函数如表7-9所示。

表7-9　分解树相关度量值及DAX函数

度量值名称	DAX函数
收入分析.预算执行.预实差异额	收入分析.预算执行.预实差异额 = [收入分析.整体概况.销售收入]-[收入分析.预算执行.预算金额]
收入分析.预算执行.预实差异率	收入分析.预算执行.预实差异率 = DIVIDE([收入分析.预算执行.预实差异额],[收入分析.预算执行.预算金额])

2. 新建参数

执行"建模"|"新建参数"|"字段"命令，将名称设置为"预实差异分析：差异额/差异率"，选择字段"收入分析.预算执行.预算差异额"和"收入分析.预算执行.预算差异率"，并勾选"将此切片器添加到此页"复选框，单击"创建"按钮，如图7-49所示。至此，分解树的差异额和差异率切片器构建成功。

图 7-49　参数设置

3. 创建过程

在可视化窗格中选择"分解树",将"预实差异分析.差异额/差异率"拖放至"分析",将日期表中的"月"、产品表中的"产品类别"、城市表中的"区域""省""城市名称"拖放至"解释依据",如图7-50所示。最终实现效果如图7-51所示。

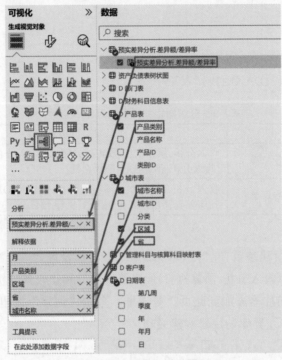

图 7-50　分解树设置

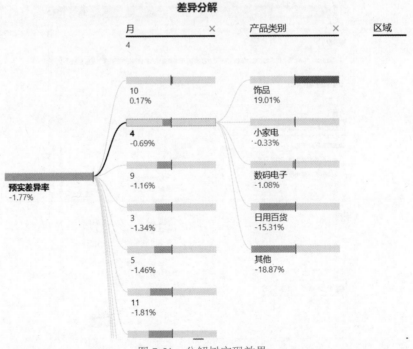

图 7-51　分解树实现效果

(三) 创建预算完成率趋势折线图

1. 相关度量值

预算完成率分析相关度量值及DAX函数如表7-10所示。

表7-10 预算完成率分析相关度量值及DAX函数

度量值名称	DAX函数
收入分析.预算执行.预算完成率	收入分析.预算执行.预算完成率 = DIVIDE([收入分析.整体概况.销售收入], [收入分析.预算执行.预算金额])

2. 创建过程

产品预算完成率趋势折线图：在可视化窗格中选择"折线图"，将日期表中的"月"字段拖放至"X轴"，将"收入分析.预算执行.预算完成率"拖放至"Y轴"，将产品表中的"产品类别"拖放至"图例"，如图7-52所示。

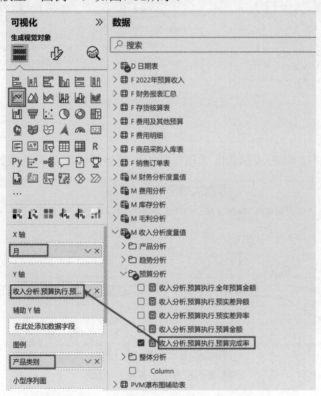

图 7-52 产品预算完成率趋势折线图设置

区域预算完成率趋势折线图：在可视化窗格中选择"折线图"，将日期表中的"月"字段拖放至"X轴"，将"收入分析.预算执行.预算完成率"拖放至"Y轴"，将城市表中的"区域"拖放至"图例"，如图7-53所示。

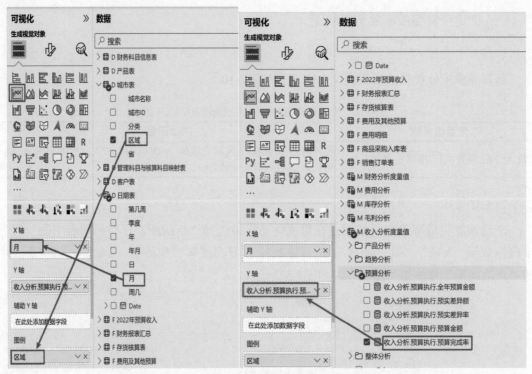

图 7-53　区域预算完成率趋势折线图设置

3. 实现效果

产品预算完成率趋势折线图和区域预算完成率趋势折线图实现效果如图7-54所示。

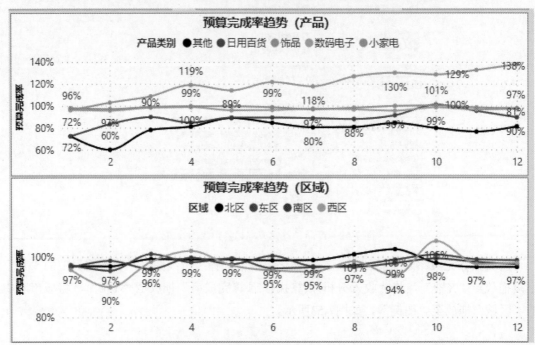

图 7-54　产品预算完成率趋势折线图和区域预算完成率趋势折线图实现效果

(四) 创建预算执行明细数据矩阵

在可视化窗格中选择"矩阵",将日期表中的"年月"字段、城市表中的"区域""省"字段、产品表中的"产品类别"字段拖放至"行",将"收入分析.预算执行.预实差异额""收入分析.预算执行.预实差异率""收入分析.预算执行.预算金额""收入分析.预算执行.预算完成率""收入分析.整体概况.销售收入"拖放至"值",如图7-55所示。最终实现效果如图7-56所示。

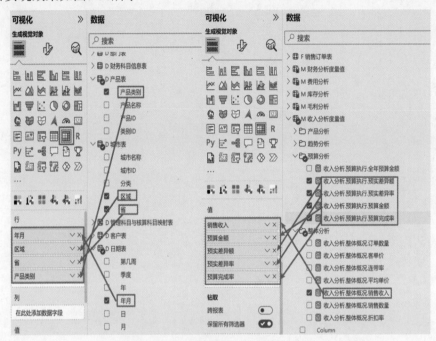

图 7-55 预算执行明细数据矩阵设置

年月	区域	省	产品类别	销售收入	预算金额	预实差异额	预实差异率	预算完成率
202210	东区	江苏省	小家电	148.92	144.10	4.82	3.35%	103.35%
			数码电子	49.85	51.08	-1.23	-2.40%	97.60%
			日用百货	4.17	4.04	0.13	3.24%	103.24%
			饰品	2.68	1.80	0.88	49.04%	149.04%
			其他	0.43	0.86	-0.43	-50.30%	49.70%
			总计	206.06	201.88	4.18	2.07%	102.07%
		浙江省	小家电	108.39	103.00	5.39	5.23%	105.23%
			数码电子	45.36	46.40	-1.04	-2.24%	97.76%
			日用百货	3.79	3.40	0.39	11.34%	111.34%
			饰品	1.40	1.44	-0.04	-2.81%	97.19%
			其他	0.44	0.80	-0.36	-44.81%	55.19%
			总计	159.38	155.04	4.34	2.80%	102.80%
		山东省	小家电	95.82	96.40	-0.58	-0.60%	99.40%
			数码电子	36.98	36.48	0.50	1.36%	101.36%
			饰品	1.83	1.95	-0.12	-6.34%	93.66%
			日用百货	1.65	1.72	-0.07	-4.05%	95.95%
			其他	0.61	0.60	0.01	1.13%	101.13%
			总计	136.88	137.15	-0.27	-0.20%	99.80%
		安徽省	小家电	79.93	78.45	1.48	1.88%	101.88%
			数码电子	29.17	31.20	-2.03	-6.49%	93.51%
			饰品	2.67	1.62	1.05	64.67%	164.67%
			其他	0.91	0.66	0.25	37.52%	137.52%
			日用百货	0.85	1.08	-0.23	-21.74%	78.26%
			总计	113.52	113.01	0.51	0.45%	100.45%
		江西省	小家电	51.59	52.45	-0.86	-1.64%	98.36%
			数码电子	20.81	21.32	-0.51	-2.39%	97.61%
			饰品	1.92	1.11	0.81	72.63%	172.63%

图 7-56 预算执行明细数据矩阵实现效果

第一节 运营费用分析思路

一、分析思路

运营费用(销售费用和管理费用)是企业日常运营的重要组成部分。通过单独分析这些费用,企业能更好地管理和控制成本,确保费用保持在可接受的范围内,并做出相应的调整以提高效率。运营费用数据分析从概况分析、趋势分析和预算执行分析三个维度展开。

在进行概况分析(见图8-1)时,主要从两方面着手。一方面,评估运营费用占收入的比重,判断其是否保持在合理的水平,这一分析不仅关注当前的比例,还会考虑历史数据,以确保企业的评估具有充分的背景和比较基准。另一方面,深入探讨费用的构成和潜在的优化空间。通过概况分析,管理层可以更好地理解费用的动态,并在必要时采取措施,以实现更高效的财务管理和资源分配。

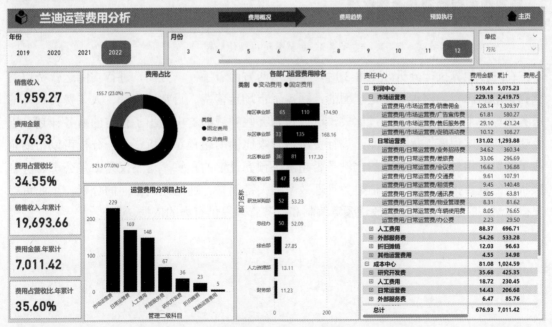

图 8-1 概况分析可视化概览

在进行趋势分析(见图8-2)时，首先，关注整体费用金额的变化，并与上一年度的数据进行比较，从而帮助企业捕捉整体费用的发展轨迹。其次，深入探讨各种二级费用科目的变化趋势，二级费用科目包括其他运营费用、人工费用、日常运营费用、市场运营费用、外部服务费、研究开发费用，以及折旧摊销费用等，对这些科目的详细分析揭示了各个领域的成本动态，为管理层提供了具有针对性的信息。最后，对三级明细科目的费用趋势进行深入分析，三级费用科目包括办公费、差旅费、车辆使用费、促销活动费、工会经费等。通过对这些细分科目的仔细审查，可以更深入地理解费用结构，并识别出成本控制和优化的潜在机会。

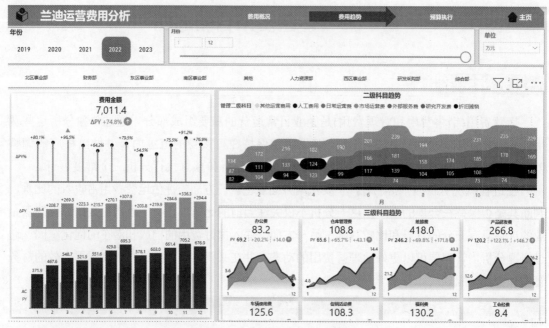

图 8-2　趋势分析可视化概览

在进行预算执行分析(见图8-3)时，主要从两方面着手。一方面，进行实际运营费用与预算费用的比较，这种对比是全面的，涵盖了市场运营费、日常运营费、人工费用和外部服务费等多个重要类别，通过比较，可以识别哪些领域的支出超出了预定的财务计划，以及超支的具体程度。另一方面，进行费用占营收比例的超预算分析，这一分析可以帮助企业了解费用相对于公司收入的比例是否超出了预先设定的预算。这不仅是衡量公司财务健康状况的重要指标，也是评估财务管理效率的关键因素。通过这两方面的分析，企业可以获得更深入的洞察，从而为改进预算编制和财务管理提供有力的依据。

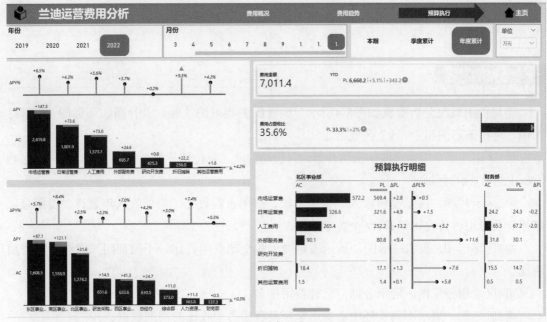

图 8-3　预算执行分析可视化概览

二、数据源及数据建模

(一) 数据源

运营费用分析中需要的维度表有D 部门表、D 管理科目与核算科目映射表；需要的事实表有F费用明细、F费用及其他预算；需要的辅助表有D 日期表和单位辅助表。数据表分类如表8-1所示。

表8-1　数据表分类

数据表种类	数据表名称
维度表	D 部门表、D 管理科目与核算科目映射表
事实表	F费用明细、F费用及其他预算
辅助表	D 日期表和单位辅助表

(二) 关系建模

将数据表进行建模分析，运营费用分析中数据表之间的关联关系如表8-2所示。

表8-2　数据表之间的关联关系

关系表	关联字段	关联
D 部门表与F 费用明细	部门ID与部门核算辅助[部门ID]	一对多
D 日期表与F 费用明细	Date与日期	一对多
D 管理科目与核算科目映射表F 费用明细表	科目编码	一对多

第二节 概况分析

一、分析内容

运营费用概况分析看板如图8-4所示。该看板主要由切片器、卡片图、环形图+簇状柱形图、堆积条形图和矩阵5个区域组成,具体如下。

第1区切片器,用于选取年份切片器、月份切片器、单位切片器,每个切片器都可以影响看板中的另外4个区域。

第2区卡片图,展示销售收入、费用金额、费用占营收比、销售收入年累计、费用金额年累计及费用占营收比年累计6个关键数据。

第3区环形图+簇状柱形图,展示固定费用和变动费用占比、不同部门二级科目的费用占比。

第4区堆积条形图,展示各部门运营费用排名。

第5区矩阵,展示不同责任中心费用金额及费用占营收比的明细数据。

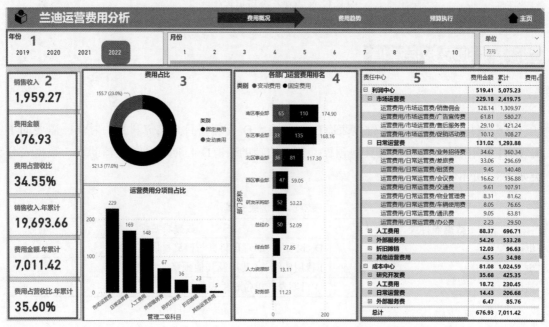

图 8-4 运营费用概况分析看板

二、具体分析过程

费用分析的核心目的是加深管理层对企业费用的深入了解,特别是这些费用相对于营收的规模。本部分选取企业的运营费用(销售费用和管理费用),主要分析以下两个方面:一是评估运营费用占收入的比重是否合理;二是费用的构成及优化空间。

(一) 费用占营收比分析

2022年12月份的销售收入为1,959.27万元，对应的运营费用为676.93万元，使得费用占营收比达到34.55%。进一步观察该年度累计数据，销售收入为19,693.66万元，运营费用为7,011.42万元，费用占营收比为35.60%。

对比历史年份的数据，2020年的运营费用为1,982.93万元，销售收入为4,141.18万元，累计费用占营收比高达47.88%；而2021年度的运营费用为4,011.78万元，销售收入为10,087.68万元，累计费用占营收比降至39.77%。由此可见，从2020年至2022年，在连续三年的时间里，费用占营收比呈现逐年下降的趋势。这种逐年优化的费用占营收比表明，随着企业的成长和管理效率的提升，费用控制变得更为有效。特别是企业正处在成长阶段，费用占营收比的逐年降低表明其规模经济效应的逐渐显现。

(二) 费用的构成分析

1. 固定费用与变动费用占比分析

2022年的费用占比如图8-5所示。固定费用占总运营费用的主导部分，为77%，而变动费用则占23%。与此相比，2021年和2020年的固定费用占比分别为74.2%和74.6%，近年来企业在费用结构上保持了相对稳定。稳定的固定费用比例使得企业在运营成本控制方面具有一定的预测性和稳定性，对于长期的财务规划和决策制定非常重要。然而，较高的固定费用比例意味着当市场波动或收入下降时，企业的财务灵活性较低。鉴于固定费用的高占比，建议企业管理层继续监控和评估费用效率，同时探索成本优化策略，以提高在不同市场条件下的适应性和盈利能力。

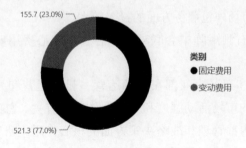

155.7 (23.0%)

521.3 (77.0%)

类别
● 固定费用
● 变动费用

图 8-5　2022 年的费用占比

2. 部门费用占比情况分析

第4区堆积条形图展示了各部门运营费用的排名情况，以及变动费用和固定费用的构成情况。将切片器调整至2022年12月，可以看出南区事业部的总费用最高，为174.9万元，其中固定费用占较大比重，为110万元，变动费用为65万元。这表明南区事业部有较高的基础运营成本。相比之下，东区事业部的总费用为168.16万元，其中固定费用为135万元，超过南区事业部，但变动费用仅为33万元，远低于南区事业部。这意味着东区事业部的运营模式更加稳定，依赖固定成本较多，但对市场波动的敏感度较低。北区事业部的总费用为117.3万元，固定费用和变动费用分别为81万元和36万元，显示出相对均衡的费用结构。

西区事业部的总费用为59.05万元，是四个事业部中最低的，其固定费用为47万元，变动费用为12万元，说明其运营规模相对较小，或者管理成本控制得比较好。研发采购部、总经办、综合部、人力资源部和财务部的费用大部分为固定费用，在总费用中所占比例较小，在整体运营中扮演着支持和管理的角色，为事业部的顺畅运作提供了必要的后勤和财务支持，其中财务部的费用最低，为11.23万元。从这些数据可以看出，事业部的费用差异与它们的业务规模、运营效率，以及市场定位有关。固定费用较高表明部门有稳定的租赁成本、员工薪酬和其他长期合同，而变动费用的高低则与业务活动量的增减密切相关。这样的分析有助于企业评估各个部门的成本结构，并根据实际情况进行预算调整和成本控制。

根据第3区的簇状柱状图，可以看出各部门二级科目的费用明细，将鼠标指针悬停在费用上将显示该费用中各部门的具体费用及占比情况。市场运营费最多，共229万元，其中南区事业部的市场运营费最高为81.46万元(35.5%)，说明南区在市场推广和客户拓展方面的投入最为积极；东区事业部紧随其后，市场运营费为76.78万元(33.5%)，这表明东区事业部在市场上同样采取了较为主动的策略。北区事业部和西区事业部的市场运营费相对较少，分别为44.73万元(19.5%)和26.21万元(11.4%)，是由于它们的市场定位、客户基础或推广策略不同。日常运营费共计169万元，其中南区事业部的费用最高，为51万元(30.1%)，表明其日常运营活动较为频繁，涉及较多的管理活动和运营维护；东区事业部的日常运营费为38.13万元(22.5%)，北区事业部为30.24万元(17.9%)，西区事业部为11.65万元(6.9%)，说明从南到北、从东到西、日常运营费用逐渐减少。人工费用总计148万元，其中北区事业部的人工费用最高，为32.09万元(21.7%)，其次是总经办、南区事业部和东区事业部，西区事业部的人工费用最低，这与该区域员工数量、薪酬结构或劳动生产率有关。外部服务费共计67万元，东区事业部和南区事业部较高，分别为27.67万元(41.3%)和12.06万元(18%)，说明其在外部合作、咨询或市场外包服务方面的投入较大。

单击不同的部门，右侧矩阵中会联动显示各责任中心费用明细金额及占营业收入的情况。

从整体上看，南区和东区事业部在市场运营、日常运营和外部服务方面的费用均较高，这与这两个事业部的市场活动强度和外部合作程度有关。总经办在人工费用上的投入突出，反映了其在公司内部管理和战略决策方面的核心作用。研究开发费用虽然不高，但对于公司的长期竞争力和持续创新至关重要。此分析有助于企业更好地理解不同区域和部门的费用结构，为未来的预算规划和资源分配提供依据。同时，也揭示了成本控制点和优化空间，为提高运营效率和降低不必要的开支提供了方向。

三、概况分析看板的Power BI实现过程

(一) 筛选器设置

在筛选器窗格中将此页上的筛选器设置为"管理一级科目"，并勾选"运营费用"复选框，这样就可以将费用明细中的运营费用筛选到可视化看板中，如图8-6所示。

图 8-6 筛选器设置

(二) 创建关键指标卡片图

1. 相关度量值

关键指标分析相关度量值及DAX函数如表8-3所示。

表8-3 关键指标分析相关度量值及DAX函数

度量值名称	DAX函数
费用分析.整体概况.费用金额	费用分析.整体概况.费用金额 = DIVIDE(SUM('F 费用明细'[金额]), SELECTEDVALUE('单位辅助表'[倍率]))
费用分析.整体概况.费用占营收比	费用分析.整体概况.费用占营收比 = DIVIDE([费用分析.整体概况.费用金额],[收入分析.整体概况.销售收入])
费用分析.整体概况.YTD费用金额	费用分析.整体概况.YTD费用金额 = CALCULATE([费用分析.整体概况.费用金额], DATESYTD('D 日期表'[Date]))
费用分析.整体概况.YTD费用占营收比	费用分析.整体概况.YTD费用占营收比 = CALCULATE([费用分析.整体概况.费用占营收比], DATESYTD('D 日期表'[Date]))
费用分析.整体概况.YTD费用占营收比	费用分析.整体概况.YTD费用占营收比 = CALCULATE([费用分析.整体概况.费用占营收比], DATESYTD('D 日期表'[Date]))

2. 创建过程

在可视化窗格中选择"卡片(新)",将"费用分析.整体概况.费用金额""费用分析.整体概况.费用占营收比""费用分析.整体概况.YTD费用金额""费用分析.整体概况.YTD费用占营收比""费用分析.整体概况.YTD销售收入""收入分析.整体概况.销售收入"拖放至"数据",如图8-7所示。

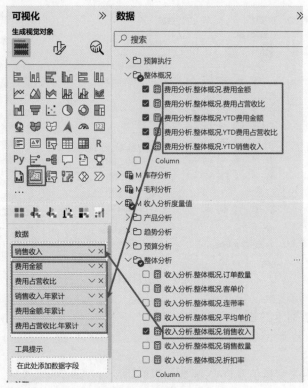

图 8-7　卡片图设置

(三) 创建费用占比环形图

在可视化窗格中选择"环形图"，将管理科目与核算科目映射表中的"类别"拖放至"图例"，将"费用分析.整体概况.费用金额"拖放至"值"，如图8-8所示。最终实现效果如图8-9所示。

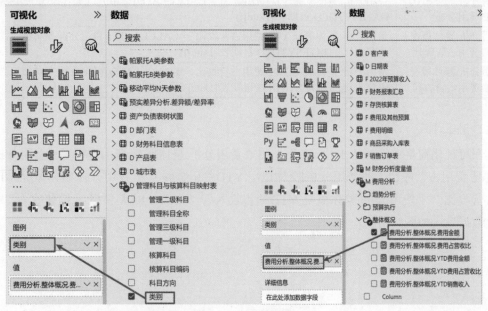

图 8-8　环形图设置

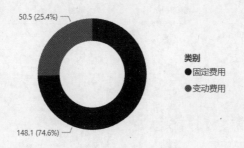

图 8-9　费用占比环形图实现效果

(四) 创建运营费用分项目占比簇状柱形图

1. 簇状柱形图设置

在可视化窗格中选择"簇状柱形图"，将管理科目与核算科目映射表中的"管理二级科目"拖放至"X轴"，将"费用分析.整体概况.费用金额"拖放至"Y轴"，如图8-10所示。

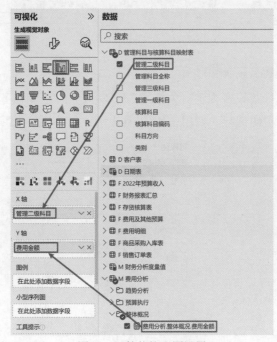

图 8-10　簇状柱形图设置

2. 创建工具提示页

新建"费用占比(工具提示)"页，用来展示各部门各费用工具提示。在可视化窗格中，勾选"允许用作工具提示"复选框，并设置类型为"工具提示"，接下来在可视化窗格中选择"环形图"，将部门表中的"部门名称"拖放至"图例"，将"费用分析.整体概况.费用金额"拖放至"值"，如图8-11所示。

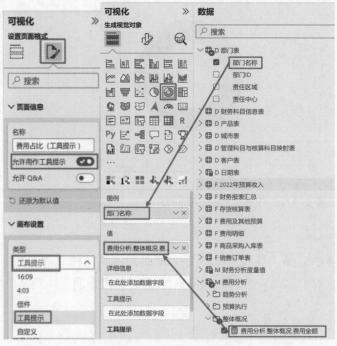

图 8-11　工具提示页设置

3. 将工具提示页关联至簇状柱形图

在可视化窗格中执行"设置视觉对象格式" | "常规" | "工具提示" | "选项"命令，设置类型为"报表页"，页码选择"费用占比(工具提示)"，如图8-12所示。

图 8-12　工具提示页关联设置

4. 实现效果

带有工具提示的簇状柱形图实现效果如图8-13所示。

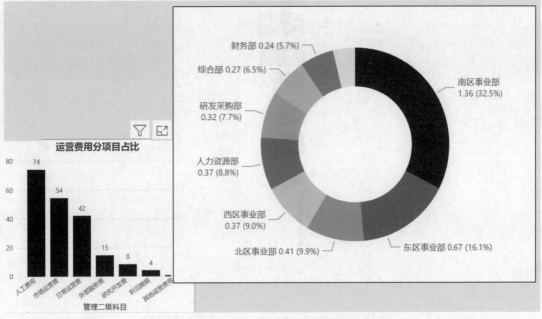

图 8-13　带有工具提示的簇状柱形图实现效果

(五) 创建各部门运营费用排名堆积条形图

在可视化窗格中选择"堆积条形图"，将部门表中的"部门名称"拖放至"Y轴"，将管理科目与核算科目映射表中的"类别"拖放至"图例"，将"费用分析.整体概况.费用金额"拖放至"X轴"，如图8-14所示。最终实现效果如图8-15所示。

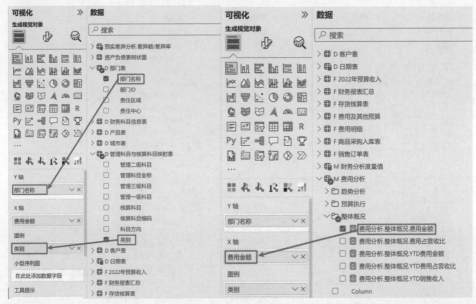

图 8-14　堆积条形图设置

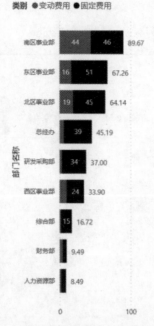

图 8-15　各部门运营费用排名堆积条形图实现效果

(六) 创建各责任中心费用明细矩阵

在可视化窗格中选择"矩阵"，将部门表中的"责任中心"、管理科目与核算科目映射表中的"管理二级科目""管理科目全称"拖放至"行"，将"费用分析.整体概况.费用金额""费用分析.整体概况.费用占营收比""费用分析.整体概况.YTD费用金额""费用分析.整体概况.YTD费用占营收比"拖放至"值"，如图8-16所示。最终实现效果如图8-17所示。

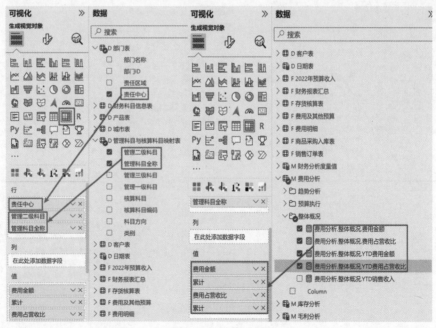

图 8-16　矩阵设置

责任中心	费用金额 ▼	累计	费用占营收比	累计
□ 利润中心	519.41	5,075.23	26.51%	25.77%
⊞ 市场运营费	229.18	2,419.75	11.70%	12.29%
⊞ 日常运营费	131.02	1,293.88	6.69%	6.57%
⊞ 人工费用	88.37	696.71	4.51%	3.54%
⊞ 外部服务费	54.26	533.28	2.77%	2.71%
⊞ 折旧摊销	12.03	96.63	0.61%	0.49%
⊞ 其他运营费用	4.55	34.98	0.23%	0.18%
□ 成本中心	81.08	1,024.59	4.14%	5.20%
⊞ 研究开发费	35.68	425.35	1.82%	2.16%
⊞ 人工费用	18.72	230.45	0.96%	1.17%
⊞ 日常运营费	14.43	206.68	0.74%	1.05%
⊞ 外部服务费	6.47	85.76	0.33%	0.44%
⊞ 折旧摊销	5.65	74.27	0.29%	0.38%
⊞ 其他运营费用	0.14	2.07	0.01%	0.01%
□ 管理中心	76.43	911.59	3.90%	4.63%
⊞ 人工费用	40.84	446.54	2.08%	2.27%
⊞ 日常运营费	23.73	301.31	1.21%	1.53%
⊞ 外部服务费	6.29	76.66	0.32%	0.39%
⊞ 折旧摊销	5.43	85.12	0.28%	0.43%
⊞ 其他运营费用	0.15	1.97	0.01%	0.01%
总计	676.93	7,011.42	34.55%	35.60%

图 8-17　各责任中心费用明细矩阵实现效果

第三节　趋势分析

一、分析内容

趋势分析可视化看板如图8-18所示。该看板主要由切片器、Zebra BI Cards图、丝带图和Zebra BI Cards图4个区域组成，具体如下。

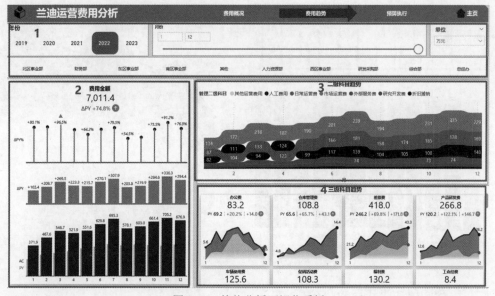

图 8-18　趋势分析可视化看板

第1区切片器，用于选取年份切片器、月份切片器、单位切片器和部门切片器，每个切片器都可以影响看板中的另外3个区域。

第2区Zebra BI Cards图，展示费用金额变化趋势及费用同上一年度的对比趋势。

第3区丝带图，展示运营费用二级科目趋势。

第4区Zebra BI Cards图，展示运营费用三级科目趋势。

二、具体分析过程

通过调整切片器可以选择查看特定日期范围或特定部门的费用趋势，将切片器调整到2022年，查看兰迪商贸2022年各月份的运营费用。

(一) 运营费用总额趋势分析

运营费用总额趋势如图8-19所示。2022年运营费用总额为7,011.4万元，比去年增长了74.8%，整体费用较去年大幅上升。细分到各月份，可以看到各月费用呈现波动性增长的趋势，其中1月费用最低为371.9万元，7月和11月的费用比较高，分别为695.3万元和705.2万元，这是特定的市场活动或季节性的业务需求所导致的。较去年相比，各月费用均比去年同期显著增长，3月和11月显示出极高的增长率，增长率均在90%以上，这是季节性因素、大型活动或一次性的大额支出所导致的，其他月份的费用增长率较为平稳，公司费用大部分时间内保持着稳定的增长模式。用户可通过单击切换不同方式展示同期费用的增长情况。在进行费用分析的同时，需要关注费用的增长是否与收入的增长相匹配，以此来评估费用增长的合理性，如果费用的增长没有带来相应的收入增长，就需要审查费用的构成并进行优化。

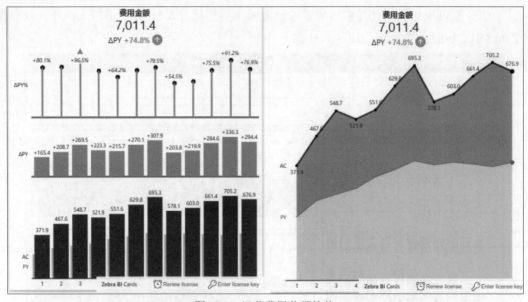

图 8-19　运营费用总额趋势

(二) 运营费用二级科目趋势分析

运营费用二级科目趋势如图8-20所示。丝带图展示了各月份的运营费用二级明细分布及趋势变化情况，可以看出各项费用中市场运营费是费用增长的主要驱动因素。2022年费用较高的7月和11月中，市场运营费在总费用中占比较大，如果这两个月份是行业的旺季、公司产品发布或市场推广的重点时期，那么营销活动的加强也是合理的，市场运营费用的大量投入是可以预见的。与去年相比费用增长特别显著的3月和11月中，市场运营费和外部服务费增长幅度较大。外部服务费的显著增长意味着公司依赖了更多的外部资源和专家知识，是为了特定项目的实施，如IT系统的升级、法律咨询或市场研究。

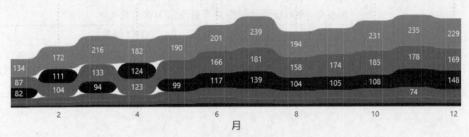

图 8-20 运营费用二级科目趋势

(三) 运营费用三级科目趋势分析

运营费用三级科目趋势如图8-21所示。可以看出2022年的市场运营费为2,419.8万元，同比增长了87.3%，其中销售佣金和广告宣传费增长幅度较大，分别增长了119.5%和70.1%，这是由于加强了市场推广并扩大了销售团队以支持收入增长。日常运营费为1,801.9万元，同比增长81.7%，呈现不断增长的趋势，其中交通费同比增长幅度最大，办公费呈现先增长后下降的趋势。人工费用为1,373.7万元，同比增长31.3%，在不同月份呈现较大的波动性，反映了员工数量的变化、季节性的雇佣、加班费用的增加，其中福利费和其他人工费用增长幅度较大，增长率超过100%。外部服务费为695.7万元，较去年增长115.9%，其中中介服务费增长165.3%，增长幅度最大。研究开发费为425.3万元，增长91.6%，其中产品研发费增长122.1%。折旧摊销费为256万元，增长114.7%，其中折旧费增长184.4%。在分析这些数据时，重要的是将费用数据与公司的战略目标、市场活动、业务周期和外部经济环境相结合，了解费用变化的背后逻辑，评估投资的有效性，识别费用管理的关键区域，考虑如何优化费用结构以保持利润的稳定性，为未来的财务规划提供指导，实现公司的战略目标。

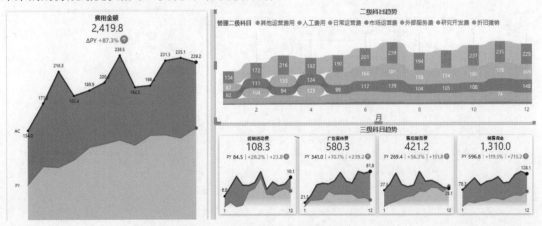

图 8-21 运营费用三级科目趋势

三、趋势分析看板的Power BI实现过程

(一) 创建费用金额Zebra BI Cards图

1. 相关度量值

费用金额分析相关度量值及DAX函数如表8-4所示。

表8-4　费用金额分析相关度量值及DAX函数

度量值名称	DAX函数
费用分析.趋势分析.去年同期费用金额	费用分析.趋势分析.去年同期费用金额 = CALCULATE([费用分析.整体概况.费用金额],SAMEPERIODLASTYEAR('D 日期表'[Date]))

2. 创建过程

在可视化窗格中选择"Zebra BI Cards"，将日期表中的"月"拖放至"Category"，将"费用分析.趋势分析.去年同期费用金额"拖放至"Previous Year"，将"费用分析.整体概况.费用金额"拖放至"Values"，如图8-22所示。最终实现效果如图8-23所示。

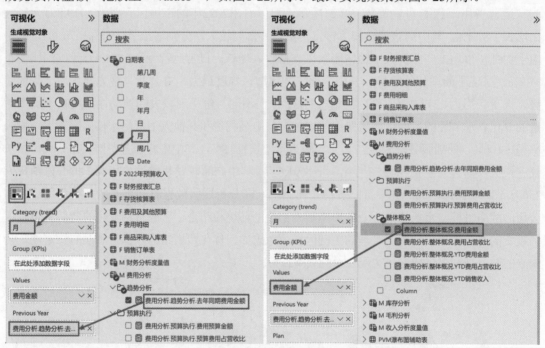

图 8-22　Zebra BI Cards 图设置

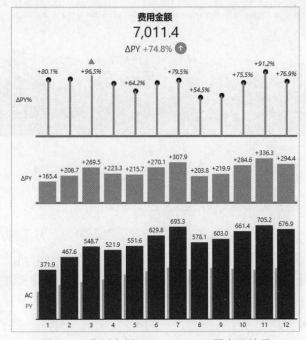

图 8-23 费用金额 Zebra BI Cards 图实现效果

(二) 创建运营费用二级科目趋势丝带图

在可视化窗格中选择"丝带图",将日期表中的"月"拖放至"X轴",将管理科目与核算科目映射表中的"管理二级科目"拖放至"图例",将"费用分析.整体概况.费用金额"拖放至"Y轴",如图8-24所示。最终实现效果如图8-25所示。

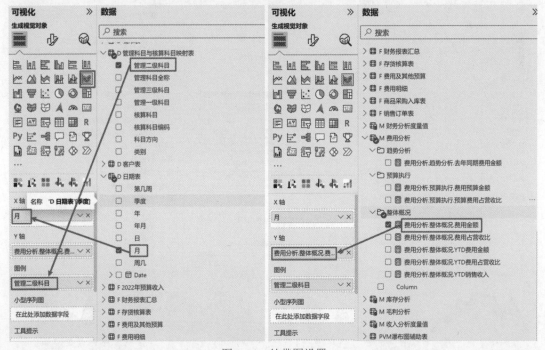

图 8-24 丝带图设置

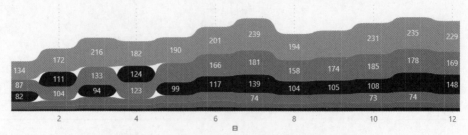

图 8-25　运营费用二级科目趋势丝带图实现效果

(三) 创建运营费用三级科目趋势Zebra BI Cards图

在可视化窗格中选择"Zebra BI Cards"，将日期表中的"月"拖放至"Category"，将管理科目与核算科目映射表中的"管理三级科目"拖放至"Group"，将"费用分析.趋势分析.去年同期费用金额"拖放至"Previous Year"，将"费用分析.整体概况.费用金额"拖放至"Values"，如图8-26所示。最终实现效果如图8-27所示。

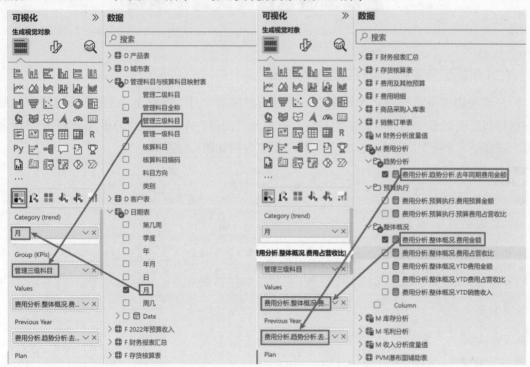

图 8-26　Zebra BI Cards 图设置

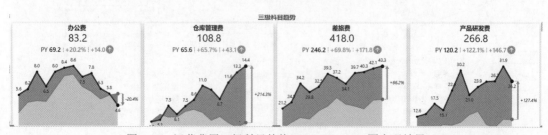

图 8-27　运营费用三级科目趋势 Zebra BI Cards 图实现效果

第四节 预算执行分析

一、分析内容

预算执行分析可视化看板如图8-28所示。该看板主要由切片器、Zebra BI Cards图、Zebra BI Charts图、Zebra BI Tables图4个区域组成，具体如下。

第1区切片器，用于选取年份切片器、月份切片器、单位切片器和期间切片器，每个切片器都可以影响看板中的另外3个区域。

第2区Zebra BI Cards图，展示费用金额及费用占营收比数据年度对比。

第3区Zebra BI Charts图，展示不同项目和不同部门的费用预算完成情况。

第4区Zebra BI Tables图，展示不同项目运营费用的执行明细数据。

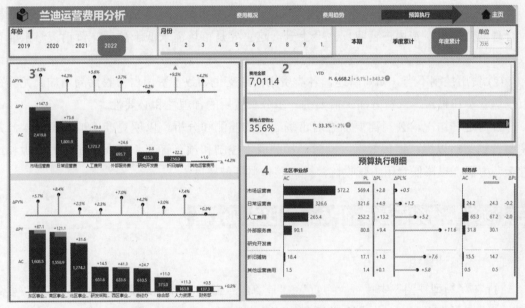

图 8-28 运营费用预算执行可视化看板

二、具体分析过程

(一) 实际运营费用与预算费用对比

2022年，兰迪商贸的费用超出预算表现在多个方面。首先，总费用超支了343.2万元，超出预算的5.1%。这种超支在市场运营费、日常运营费、人工费用和外部服务费等多个类别中均有体现。具体分析如下。

市场运营费超支，超出预算147.5万元，主要由于公司在广告宣传、促销活动和售后服务方面的大量投入。这样的支出未能有效转化为收入，导致预算超支。

日常运营费超支，日常运营费包括物业管理、租赁、办公、业务招待等费用，超出预算73.6万元。业务部门应重点关注客户关系维护和商务活动方面的支出是否超出合理范围。

人工费用和外部服务费超支，这两项费用的超支主要与劳动力成本上升和物流运输、仓库管理成本增加有关。公司在人力资源管理和外部服务采购方面需要采取新的策略。例如，通过增加员工培训次数、优化人力资源配置、重新签订物流和仓储合同，以降低外部服务成本。同时，公司还应考虑采用技术创新，如自动化和数字化工具，来提高操作效率、降低长期成本。

费用超支的情况要求公司必须重新审视其费用结构，特别是在市场运营和日常运营方面的支出，确保未来的投入能够带来相应的收益，同时优化成本控制策略，避免不必要的支出。

(二) 费用占营收比超出预算分析

兰迪商贸在2022年的实际费用占营收比为35.6%，高于预算的33.3%。这一比例的提升主要有以下两方面原因。

(1) 收入未达预期。公司的实际收入未能达到预算目标，这直接导致即使费用控制在相对合理的范围内，费用占营收比也会上升。这主要是市场需求低于预期、营销策略未能有效吸引消费者或竞争加剧等因素造成的。

(2) 费用控制不当。如前所述，各类费用的超支也导致了费用占营收比的增加。尤其在市场运营费和日常运营费方面，需要进一步分析费用的合理性和必要性。

针对这一情况，公司需要加强对市场趋势的监测和分析，以便更准确地预测收入，并调整营销策略以提高销售效率。同时，加强成本控制和预算管理，特别是在人力资源和日常运营方面，以降低费用占营收比，提高整体财务健康度。

三、预算执行分析看板的Power BI实现过程

(一) 添加计算组

(1) 在"模型视图"中执行"主页"|"计算组"命令，将语义模型中的"计算组"重命名为"本期/本年累计"，如图8-29所示。

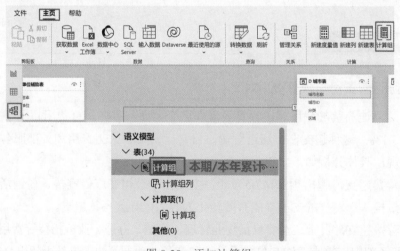

图 8-29　添加计算组

(2) 选择计算项中的"计算项",将度量值更名为"本期",度量值语法为"本期 = CALCULATE (SELECTEDMEASURE())",如图8-30所示。

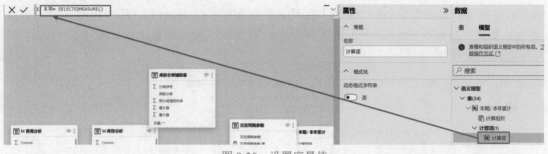

图8-30 设置度量值

(3) 在计算项中添加新计算项,如图8-31所示。输入度量值"季度累计",度量值语法为"季度累计 = CALCULATE(SELECTEDMEASURE(),DATESQTD('D 日期表'[Date]))"。按照同样的步骤,添加年度累计度量值,度量值语法为"年度累计 = CALCULATEDMEASURE(),DATESYTD('D 日期表'[Date]))"。

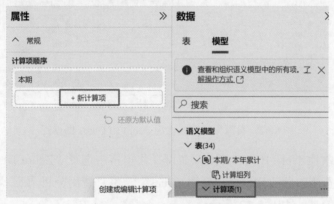

图8-31 添加新计算项

(二) 创建费用预算完成情况及费用占营收比Zebra BI Cards图

1.相关度量值

相关度量值及DAX函数如表8-5所示。

表8-5 相关度量值及DAX函数

度量值名称	DAX函数
费用分析.预算执行.费用预算金额	费用分析.预算执行.费用预算金额 = DIVIDE(SUM('F 费用及其他预算'[金额]),SELECTEDVALUE('单位辅助表'[倍率]))
费用分析.预算执行.预算费用占营收比	费用分析.预算执行.预算费用占营收比 = DIVIDE([费用分析.预算执行.费用预算金额],[收入分析.预算执行.预算金额])

2. 创建过程

(1) 费用预算完成情况Zebra BI Cards图：在可视化窗格中选择"Zebra BI Cards"，将管理科目与核算科目映射表中的"管理二级科目"拖放至"Category"，将"费用分析.整体概况.费用金额"拖放至"Values"，将"费用分析.预算执行.费用预算金额"拖放至"Plan"，如图8-32所示。

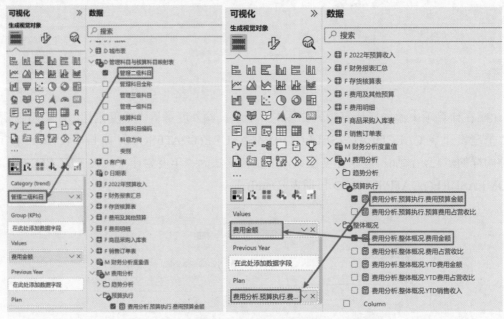

图 8-32　费用预算完成情况 Zebra BI Cards 图设置

(2) 费用占营收比Zebra BI Cards图：在可视化窗格中选择"Zebra BI Cards"，将"费用分析.整体概况.费用占营收比"拖放至"Values"，将"费用分析.预算执行.预算费用占营收比"拖放至"Plan"，如图8-33所示。

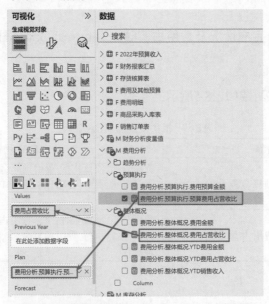

图 8-33　费用占营收比 Zebra BI Cards 图设置

3. 实现效果

费用预算完成情况及费用占营收比Zebra BI Cards图实现效果如图8-34所示。

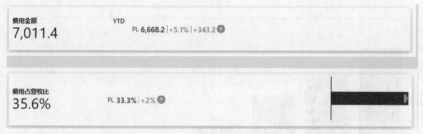

图 8-34　费用预算完成情况及费用占营收比 Zebra BI Cards 图实现效果

(三) 创建各运营费用项目预算执行情况Zebra BI Charts图

在可视化窗格中选择"Zebra BI Charts"，将管理科目与核算科目映射表中的"管理二级科目"拖放至"Category"，将"费用分析.整体概况.费用金额"拖放至"Values"，将"费用分析.预算执行.费用预算金额"拖放至"Previous Year"，如图8-35所示。最终实现效果如图8-36所示。

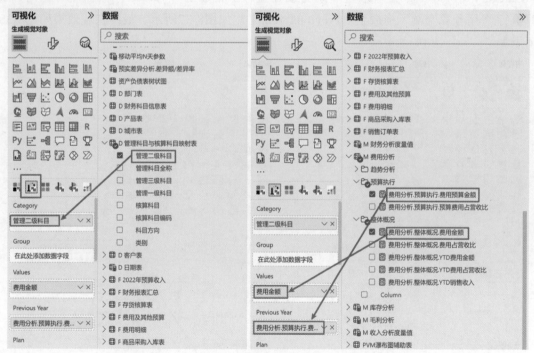

图 8-35　各运营费用项目预算执行情况 Zebra BI Charts 图设置

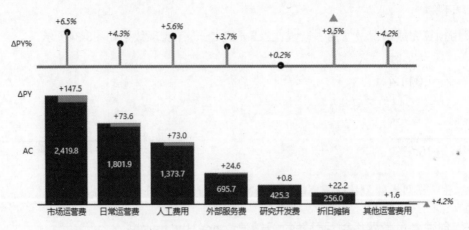

图 8-36　各运营费用项目预算执行情况 Zebra BI Charts 图实现效果

(四) 创建各部门费用项目预算执行情况Zebra BI Charts图

在可视化窗格中选择"Zebra BI Charts"，将部门表中的"部门名称"拖放至"Category"，将"费用分析.整体概况.费用金额"拖放至"Values"，将"费用分析.预算执行.费用预算金额"拖放至"Previous Year"，如图8-37所示。最终实现效果如图8-38所示。

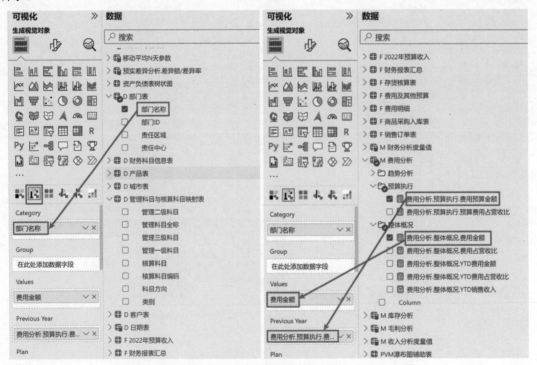

图 8-37　各部门费用项目预算执行情况 Zebra BI Charts 图

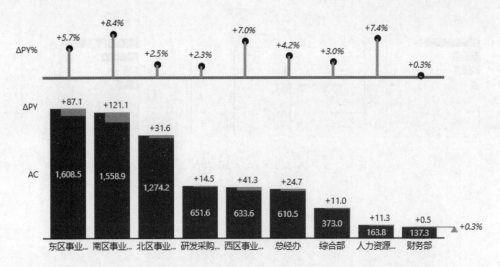

图 8-38　各部门费用项目预算执行情况 Zebra BI Charts 图实现效果

(五) 创建预算执行明细Zebra BI Tables图

在可视化窗格中选择"Zebra BI Tables"，将管理科目与核算科目映射表中的"管理二级科目"拖放至"Category"，将部门表中的"部门名称"拖放至"Group"，将"费用分析.整体概况.费用金额"拖放至"Values"，将"费用分析.预算执行.费用预算金额"拖放至"Previous Year"，如图8-39所示。最终实现效果如图8-40所示。

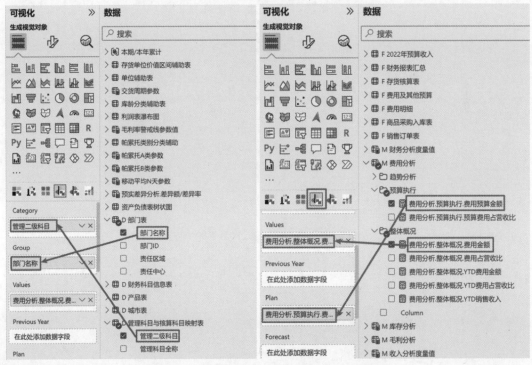

图 8-39　预算执行明细 Zebra BI Tables 图设置

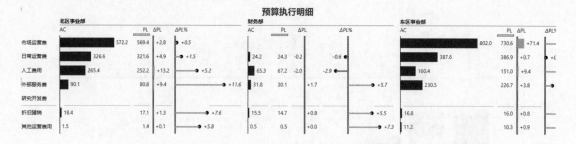

图 8-40　预算执行明细 Zebra BI Tables 图实现效果

第九章 毛利率分析

第一节 毛利率分析思路

一、分析思路

    毛利率分析是企业财务管理中的一个重要环节，有助于企业评估和提升盈利能力，进行有效的成本控制，并在竞争中保持优势。如果毛利率下降，意味着企业可能受原材料成本增加、劳动力成本上升或销售价格下降的影响，从而影响企业的利润空间。因此，通过毛利率分析，管理层可以识别出哪些产品或服务具有盈利潜力，从而优化产品组合，集中资源于高毛利的产品或市场，从而提高企业整体的盈利能力。

    毛利率分析从毛利概况分析、毛利率趋势分析、产品解构分析和区域渠道分析4个维度展开。

    在进行毛利概况分析(见图9-1)时，首先展示销售收入、销售成本和销售毛利3个关键数据，从整体评估企业的毛利情况；然后根据毛利率日增长趋势判断企业毛利率是否呈现上升、下降或波动的趋势，并判断数据是否有明显的季节性或周期性特征；最后分别展示不同产品类别和区域的毛利情况，识别企业最具盈利潜力的产品和区域，从而优化资源配置和策略，提升整体盈利能力。

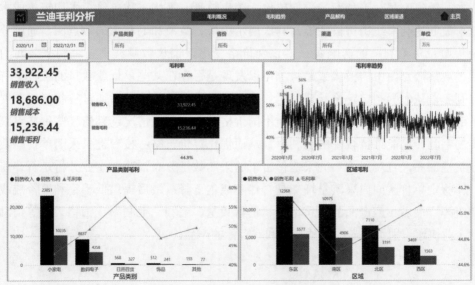

图 9-1　毛利概况分析可视化概览

　　在进行毛利率趋势分析(见图9-2)时，首先展示兰迪商贸的销售收入、销售成本、销售毛利、毛利率、毛利率连续下降最大天数、毛利率连续下降最大天数日期等关键数据，有助于管理层识别和理解公司盈利能力的变化趋势，并及时发现可能的经营风险；其次展示毛利率日趋势、移动平均N天毛利率趋势、毛利率月趋势，可以调整N的参数得到不同的移动平均N天毛利率趋势，有助于企业深入分析毛利率的短期波动与长期趋势；然后展示毛利与毛利率的相对趋势，其揭示了毛利增长是否伴随毛利率的提升或下降；最后通过表格为企业提供详细的每日数据，包括每日的毛利率、毛利率日环比变化、毛利率连续下降天数等信息，从而跟踪毛利率的微观变化，识别短期波动趋势。

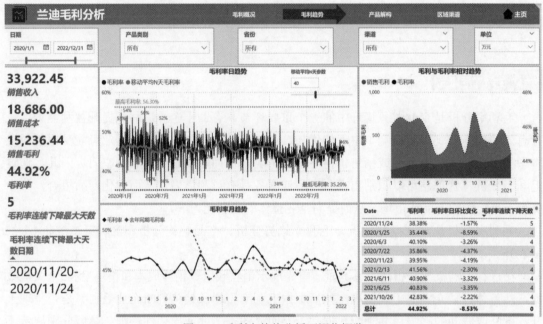

图 9-2　毛利率趋势分析可视化概览

　　在进行产品解构分析(见图9-3)时，首先提供每个产品类别的相关指标，如销售收入、销售成本、销售毛利、毛利率、平均单价、销售数量、平均采购单价、平均销售成本、毛利率低于最低毛利率线销售日期等；其次展示单价、数量和毛利率的散点图，通过分析单价和销售数量对毛利率的影响关系，识别价格变化、销售数量波动与毛利率之间的关联性，通过观察散点图中的模式或趋势，可以发现是否存在某些单价或数量的组合更有利于提高毛利率，从而为制定定价策略和销售优化提供数据支持；然后通过柱状折线图展示各单价下毛利与毛利率的关系，初步判断不同价格区间的盈利情况，判断哪些价格点既能带来较高的毛利，又能维持较好的毛利率，从而优化定价策略；接着提供采购单价与数量关系的簇状柱形图，直观展示不同采购价格下的采购数量分布，帮助企业分析是否存在规模效应，即特定单价区间内采购量增加是否伴随成本下降；最后提供低于毛利率警戒线的产品名单矩阵，展示相应产品的销售单价、销售数量、毛利、毛利率、销售天数等信息，从而帮助企业快速识别那些未达到预设毛利率目标的产品。

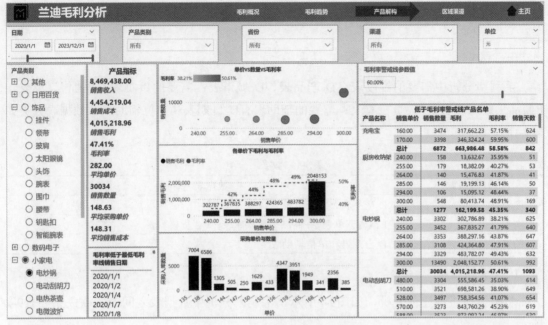

图 9-3　产品解构分析可视化概览

区域渠道分析(见图9-4)旨在通过展示各省市的毛利和毛利率情况，结合不同销售渠道的表现，帮助企业直观了解各区域和渠道的盈利能力。通过散点图和簇状柱形图，企业可以快速识别不同省市的毛利率高低，并对比各渠道的毛利率表现。通过区域渠道因素分解树，可以将销售区域和渠道的影响因素进行分解，有助于企业找出区域或渠道内影响毛利率的关键因素。

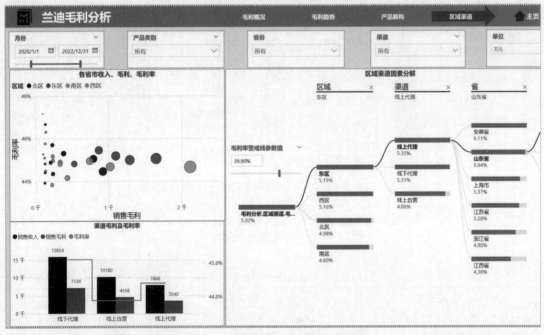

图 9-4　区域渠道分析可视化概览

二、数据源及数据建模

(一) 数据源

毛利率分析中需要的维度表有D 产品表、D 城市表；需要的事实表有F销售订单表、F商品采购入库表、F存货核算表；需要的辅助表有D 日期表和单位辅助表。数据表分类如表9-1所示。

表9-1　数据表分类

数据表种类	数据表名称
维度表	D 产品表、D 城市表
事实表	F销售订单表、F商品采购入库表、F存货核算表
辅助表	D 日期表和单位辅助表

(二) 关系建模

将数据表进行建模分析，如图9-5所示。毛利率分析中数据表之间的关联关系如表9-2所示。

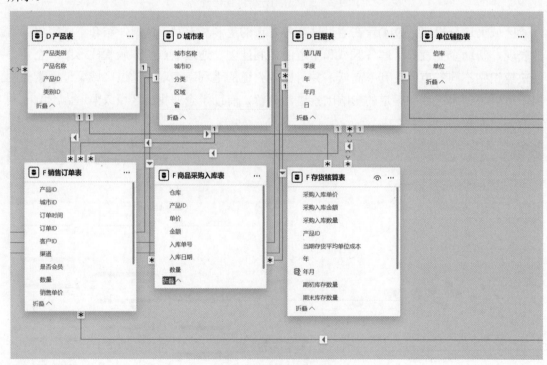

图 9-5　毛利率分析建模

表9-2　数据表之间的关联关系

关系表	关联字段	关联
D 日期表与F 商品采购入库表	Date与入库	一对多
D 日期表与F 销售订单表	Date与订单时间	一对多
D 日期表与F 商品采购入库表	Date与入库日期	一对多

(续表)

关系表	关联字段	关联
D 日期表与F 存货核算表	年月	多对多
D 产品表与F 销售订单表	产品ID	一对多
D 产品表与F 存货核算表	产品ID	一对多
D 城市表与销售订单表	城市ID	一对多

第二节 毛利概况分析

一、分析内容

毛利概况分析看板如图9-6所示。该看板主要由切片器、多行卡图、漏斗图、折线图、折线和簇状柱形图5个区域组成，具体如下。

第1区切片器，用于选取日期切片器、产品类别切片器、省份切片器、渠道切片器和单位切片器，每个切片器都可以影响看板中的另外4个区域。

第2区多行卡图，展示销售收入、销售成本、销售毛利等关键指标数据。

第3区漏斗图，展示销售收入和销售毛利的对比情况。

第4区折线图，展示毛利率趋势。

第5区折线和簇状柱形图，展示不同产品类别和不同区域的销售收入、销售毛利和毛利率情况。

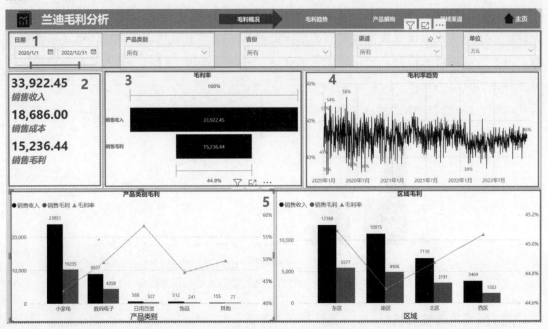

图 9-6   毛利概况分析看板

二、具体分析过程

在毛利概况分析看板中，能够通过切片器切换不同日期、产品类别、省份和渠道来观察毛利率情况，现在选取2022年的数据进行分析。

(一) 关键指标分析

2022年，兰迪商贸的销售收入为19,693万元，销售成本为10,977.34万元，销售毛利为8,716万元，毛利率为44.3%。2021年，兰迪商贸的销售收入为10,088万元，销售成本为5,454万元，销售毛利为4,633万元，毛利率为45.9%。对比后会发现，虽然2022年的销售收入和毛利规模均有所提升，但每单位收入的盈利能力下降了，主要由于销售收入增长幅度为95%，但是销售成本增长幅度达101%，高于销售收入增长幅度。

在2022年初，毛利率呈现较大的上下波动，峰值达到53%，最低点接近38%。从2022年5月到9月，毛利率虽然仍有波动，但整体波动幅度较小，通常在40%~50%范围浮动，表明公司在这段时间内的销售成本和收入比较平稳，虽然从2022年11月开始毛利率略有回升并趋于稳定，但依旧低于年初的峰值。

(二) 产品类别毛利率分析

不同产品类别的销售收入、销售毛利和毛利率如图9-7所示。小家电和数码电子是主要的销售收入来源，其中小家电的销售额最高，达13,867万元，但其毛利率相对较低，约为42%，说明该品类面临较高的成本或市场竞争压力。相反，数码电子的毛利率接近50%，在收入和盈利能力之间保持了较好的平衡。日用百货尽管销售额较小，但其毛利率高达60%，表现出较强的盈利能力，饰品和其他类别的毛利率也较为可观，均在50%左右。

基于此，公司应思考如何在保持小家电和数码电子销售规模的同时，提升毛利率，尤其是小家电的成本优化或价格策略调整。此外，日用百货虽然收入规模较小，但毛利率高，具有潜在的增长机会，公司可以考虑在这一领域增加资源投入，扩大其销售规模以提升整体盈利能力。

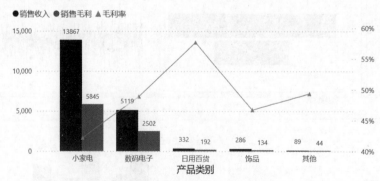

图 9-7 不同产品类别的销售收入、销售毛利和毛利率

(三) 区域毛利率分析

不同区域的销售收入、销售毛利和毛利率如图9-8所示。东区和南区的销售收入相对较

高，分别为6,989万元和6,592万元，但毛利率相对较低，东区为44.42%，南区为43.97%，尽管这两个区域贡献了大量的销售额，但其盈利能力受到一定的限制，主要是这两个区域市场竞争激烈，导致毛利率没有达到较高水平。公司在这两个区域需要优化成本结构或调整定价策略，以提升盈利能力。

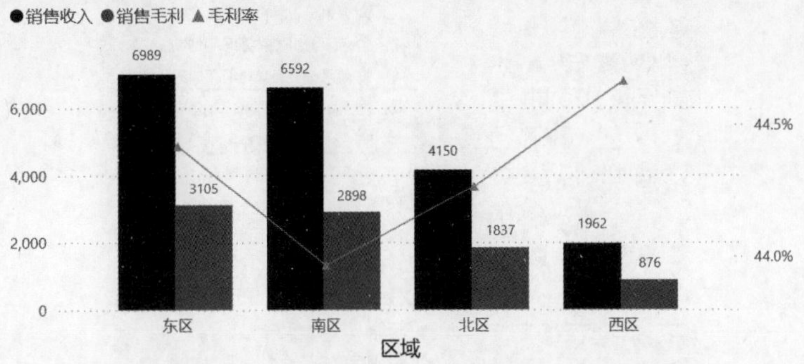

图9-8　不同区域的销售收入、销售毛利和毛利率

相比之下，北区和西区的销售收入较低，尤其是西区，仅为1,962万元，但毛利率较高，北区为44.27%，西区达到44.62%。尽管这两个区域的销售规模较小，但其盈利能力相对较好，公司可以考虑在这两个区域加大投入，扩大销售规模，同时保持较高的毛利率，以实现更好的利润增长。

三、毛利概况分析看板的Power BI实现过程

(一) 创建关键指标多行卡图

1. 相关度量值

关键指标分析相关度量值和DAX函数如表9-3所示。

表9-3　关键指标分析相关度量值及DAX函数

度量值名称	DAX函数
收入分析.整体概况.销售收入	收入分析.整体概况.销售收入 = DIVIDE(SUM('F 销售订单表'[销售价格]),SELECTEDVALUE('单位辅助表'[倍率]))
毛利分析.整体概况.销售成本	毛利分析.整体概况.销售成本 = SUMX (CROSSJOIN(VALUES ('D 产品表'[产品ID]), VALUES ('D 日期表'[年月])), [毛利分析.整体概况.平均单位成本] * [收入分析.整体概况.销售数量])
毛利分析.整体概况.销售毛利	毛利分析.整体概况.销售毛利 = [收入分析.整体概况.销售收入]-[毛利分析.整体概况.销售成本]

2. 创建过程

在可视化窗格中选择"多行卡图"，设置字段为"销售收入""销售成本""销售毛利"，如图9-9所示。最终实现效果如图9-10所示。

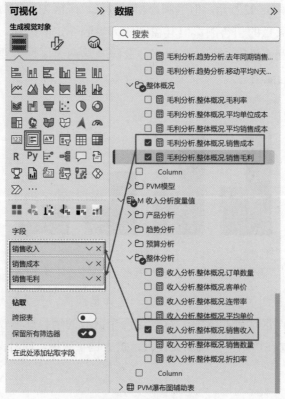

图 9-9 多行卡图设置

图 9-10 多行卡图实现效果

(二) 创建漏斗图

1. 相关度量值

漏斗图创建相关度量值及DAX函数如表9-4所示。

表9-4 漏斗图创建相关度量值及DAX函数

度量值名称	DAX函数
收入分析.整体概况.销售收入	收入分析.整体概况.销售收入 = DIVIDE(SUM('F 销售订单表'[销售价格]),SELECTEDVALUE('单位辅助表'[倍率]))
毛利分析.整体概况.销售毛利	毛利分析.整体概况.销售毛利 = [收入分析.整体概况.销售收入]-[毛利分析.整体概况.销售成本]

2. 创建过程

在可视化窗格中选择"漏斗图"，将度量值"收入分析.整体概况.销售收入"和"毛利分析.整体概况.销售毛利"拖放至"值"，如图9-11所示。最终实现效果如图9-12所示。

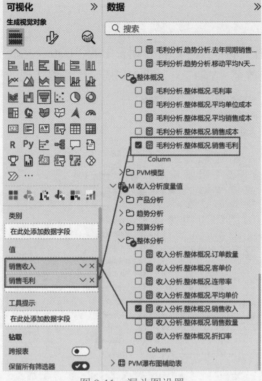

图 9-11   漏斗图设置

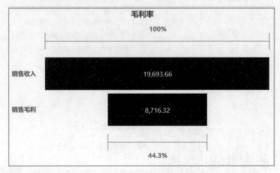

图 9-12   漏斗图实现效果

(三) 创建毛利率趋势折线图

1. 相关度量值

毛利率趋势分析相关度量值及DAX函数如表9-5所示。

表 9-5 毛利率趋势分析相关度量值及DAX函数

度量值名称	DAX函数
毛利分析.整体概况.毛利率	毛利分析.整体概况.毛利率 = DIVIDE([毛利分析.整体概况.销售毛利],[收入分析.整体概况.销售收入])

2. 创建过程

在可视化窗格中选择"折线图"，将日期表中的"Date"拖放至"X轴"，将"毛利分析.整体概况.毛利率"拖放至"Y轴"，如图9-13所示。最终实现效果如图9-14所示。

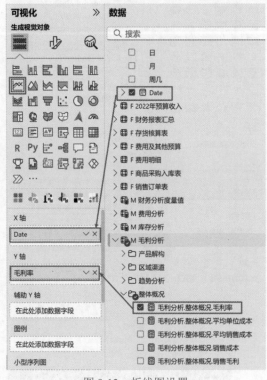

图 9-13 折线图设置

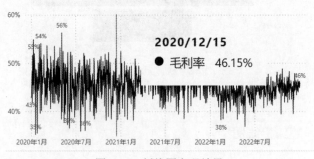

图 9-14 折线图实现效果

(四) 创建产品类别毛利折线和簇状柱形图

1. 相关度量值

产品类别毛利分析相关度量值及DAX函数如表9-6所示。

表9-6　产品类别毛利分析相关度量值及DAX函数

度量值名称	DAX函数
毛利分析.整体概况.毛利率	毛利分析.整体概况.毛利率 = DIVIDE([毛利分析.整体概况.销售毛利],[收入分析.整体概况.销售收入])
毛利分析.整体概况.销售毛利	毛利分析.整体概况.销售毛利 = [收入分析.整体概况.销售收入]−[毛利分析.整体概况.销售成本]
收入分析.整体概况.销售收入	收入分析.整体概况.销售收入 = DIVIDE(SUM('F 销售订单表'[销售价格]),SELECTEDVALUE('单位辅助表'[倍率]))

2. 创建过程

在可视化窗格中选择"折线和簇状柱形图"，将产品表中的"产品类别"拖放至"X轴"，将"收入分析.整体概况.销售收入"和"毛利分析.整体概况.销售毛利"拖放至列"y轴"，将"毛利分析.整体概况.毛利率"拖放至"行y轴"，如图9-15所示。最终实现效果如图9-16所示。

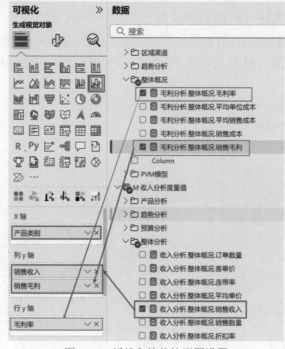

图 9-15　折线和簇状柱形图设置

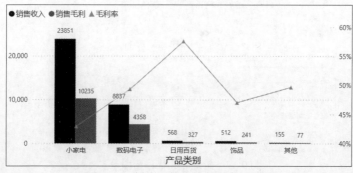

图 9-16　折线和簇状柱形图实现效果

(五) 创建区域毛利折线和簇状柱形图

1. 相关度量值

区域毛利分析相关度量值及DAX函数如表9-7所示。

表9-7　区域毛利分析相关度量值及DAX函数

度量值名称	DAX函数
毛利分析.整体概况.毛利率	毛利分析.整体概况.毛利率 = DIVIDE([毛利分析.整体概况.销售毛利],[收入分析.整体概况.销售收入])
毛利分析.整体概况.销售毛利	毛利分析.整体概况.销售毛利 = [收入分析.整体概况.销售收入]-[毛利分析.整体概况.销售成本]
收入分析.整体概况.销售收入	收入分析.整体概况.销售收入 = DIVIDE(SUM('F 销售订单表'[销售价格]), SELECTEDVALUE('单位辅助表'[倍率]))

2. 创建过程

在可视化窗格中选择"折线和簇状柱形图"，将城市表中的"区域"拖放至"X轴"，将"收入分析.整体概况.销售收入"及"毛利分析.整体概况.销售毛利"拖放至"列y轴"，将"毛利分析.整体概况.毛利率"拖放至"行y轴"，如图9-17所示。最终实现效果如图9-18所示。

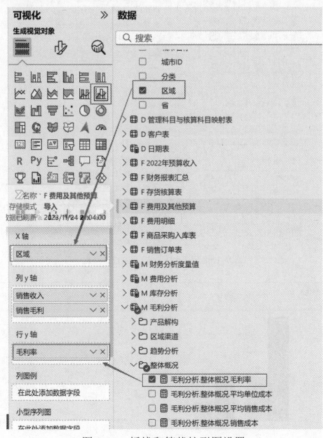

图 9-17　折线和簇状柱形图设置

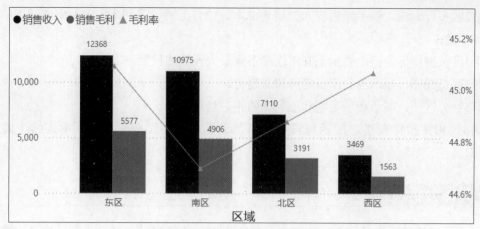

图 9-18　折线和簇状柱形图实现效果

第三节　毛利率趋势分析

一、分析内容

毛利率趋势分析看板如图9-19所示。该看板主要由切片器、多行卡图、关键指标表格、折线图、分区图和相关指标表格6个区域组成，具体如下。

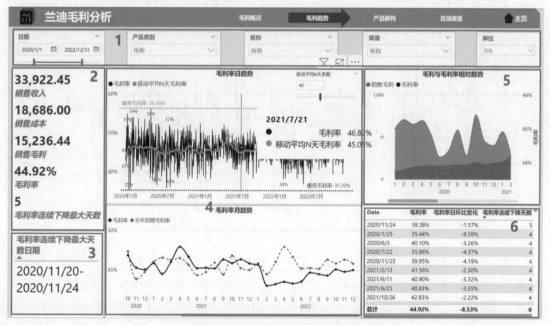

图 9-19　毛利率趋势分析看板

第1区切片器，用于选取日期切片器、产品类别切片器、省份切片器、渠道切片器和单位切片器，每个切片器都可以影响看板中的另外5个区域。

第2区多行卡图，展示销售收入、销售成本、销售毛利、毛利率、毛利率连续下降最大天数等信息。

第3区关键指标表格，展示毛利率连续下降最大天数的日期。

第4区折线图，展示毛利率日趋势和月趋势。

第5区分区图，展示销售毛利和毛利率的相对趋势。

第6区相关指标表格，展示每日毛利率、毛利率日环比变化、毛利率连续下降天数等信息。

二、具体分析过程

在毛利率趋势分析看板中，能够通过切片器切换不同日期、产品类别、省份和渠道来观察毛利率情况，现在选取2022年的数据进行分析。

(一) 毛利率日趋势分析

2022年度毛利率日趋势如图9-20所示。该图展示了公司2022年每日的毛利率变化，波动范围较大，整体毛利率在36.86%~53.18%频繁波动。尤其是在年初和年中，毛利率出现了几次显著的上升和下降，最高达到53.18%，最低为36.86%，可见短期内的定价策略和成本控制导致了企业频繁的毛利率波动。

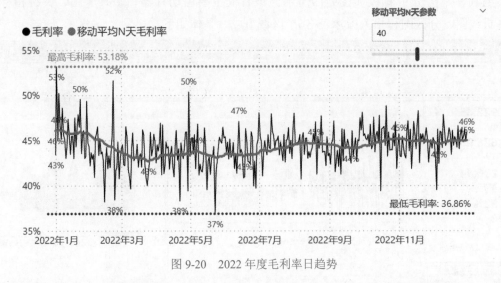

图 9-20　2022 年度毛利率日趋势

移动平均N天毛利率通过对日毛利率进行平滑处理，消除了短期波动的干扰，更好地展示了中长期趋势。将N设置为40后发现，尽管日毛利率在全年内出现了较大波动，整体趋势从年初到年中有所下降，但从年中开始逐渐回升，到年底趋于稳定。移动平均线展示了毛利率的长期走向，有利于企业更好地理解盈利变化趋势。

(二) 毛利率月趋势分析

2022年度毛利率月趋势如图9-21所示。相比于2021年，2022年初毛利率呈现较大的波动，特别是2月份，月毛利率迅速降到43%，为全年最低，这与日趋势中的剧烈下滑一致，主要是成本上升导致的，成本上升的原因与原材料价格、物流成本、供应链问题等因素相关，需要公司进一步明确。

2022年3—6月，毛利率虽然有所回升，但恢复速度较为缓慢。从7月份开始，毛利率进入相对稳定阶段，7月的毛利率达到了年内的相对高点(44.7%)，并与去年同期逐渐接近。可见下半年毛利率波动虽然依然存在，但波动幅度缩小，整体呈现回升趋势，得益于公司在下半年采取了更有效的成本管理策略。

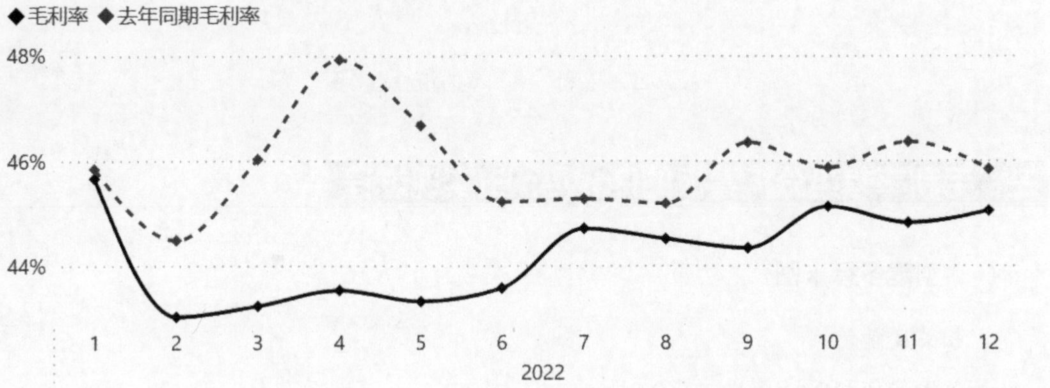

图 9-21　2022 年度毛利率月趋势

(三) 毛利与毛利率相对趋势分析

毛利与毛利率的相对趋势图(见图9-22)展示了毛利总额与毛利率在同一时间段内的变化关系，通过分区图，可以清晰地观察两者的联动性或分化趋势。毛利代表公司整体的盈利水平，而毛利率反映了公司每单位收入的盈利能力。通过这种相对趋势图，可以判断毛利与毛利率的趋势是否同步。若毛利和毛利率同时上升，说明企业的利润增长是健康的；若毛利上升而毛利率下降，则表明可能存在销售扩张但成本或价格压力增大的问题。

2022年，销售毛利持续增长，从年初的400万元左右上升至年末的900万元左右，尤其是在7月和10月，销售毛利出现了两个明显的增长高峰。尽管全年毛利持续增长，但在4月、6月、9月，销售毛利略有小幅回落。相比较毛利而言，毛利率在年初下降显著，从1月份的45.66%下降到2月份的43.02%左右，公司销售收入增长，但毛利率下降，主要是成本上升导致的。

从相对趋势来看，2022年上半年呈现分化趋势，毛利不断增长，而毛利率下降，销售增长的质量受到一定挑战，成本增加压缩了利润空间。下半年则呈现较为健康的同步趋势，从9月开始，毛利与毛利率逐步呈现同步上升的趋势，尤其是10月，毛利和毛利率同时提升。

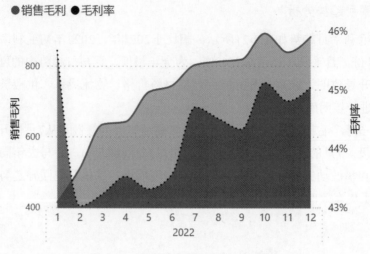

图9-22 毛利与毛利率的相对趋势图

三、毛利率趋势分析看板的Power BI实现过程

(一) 创建多行卡图

1. 相关度量值

相关度量值和DAX函数如表9-8所示。

表9-8 相关度量值及DAX函数

度量值名称	DAX函数
收入分析.整体概况.销售收入	收入分析.整体概况.销售收入 = DIVIDE(SUM('F 销售订单表'[销售价格]), SELECTEDVALUE('单位辅助表'[倍率]))
毛利分析.整体概况.销售成本	毛利分析.整体概况.销售成本 = SUMX (CROSSJOIN(VALUES ('D 产品表'[产品ID]), VALUES ('D 日期表'[年月])), [毛利分析.整体概况.平均单位成本] * [收入分析.整体概况.销售数量])
毛利分析.整体概况.销售毛利	毛利分析.整体概况.销售毛利 = [收入分析.整体概况.销售收入]−[毛利分析.整体概况.销售成本]
毛利分析.整体概况.毛利率	毛利分析.整体概况.毛利率 = DIVIDE([毛利分析.整体概况.销售毛利],[收入分析.整体概况.销售收入])
毛利分析.趋势分析.毛利率连续下降最大天数	毛利分析.趋势分析.毛利率连续下降最大天数 = MAXX(VALUES('D 日期表'[Date]),[毛利分析.趋势分析.毛利率连续下降天数])

2. 创建过程

在可视化窗格中选择"多行卡图",设置字段为"销售收入""销售成本""销售毛利""毛利率""毛利率连续下降最大天数",如图9-23所示。最终实现效果如图9-24所示。

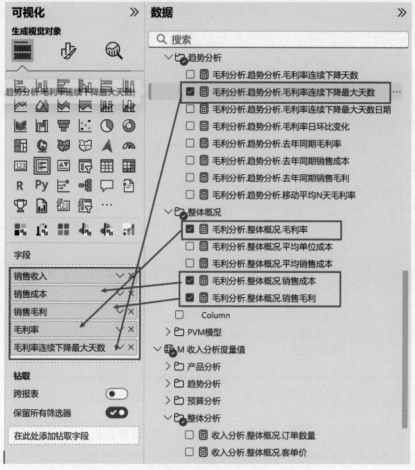

图 9-23　多行卡图设置

图 9-24　多行卡图实现效果

(二) 创建关键指标表格

1. 相关度量值

表格创建相关度量值及DAX函数如表9-9所示。

表9-9　表格创建相关度量值及DAX函数

度量值名称	DAX函数
毛利分析.趋势分析.毛利率连续下降最大天数日期	毛利分析.趋势分析.毛利率连续下降最大天数日期 = VAR X = [毛利分析.趋势分析.毛利率连续下降最大天数] VAR Y = 　ADDCOLUMNS (VALUES ('D 日期表'[Date]), "连续下降天数", [毛利分析.趋势分析.毛利率连续下降天数]) VAR Z = 　FILTER (Y, [连续下降天数] = X) VAR A = 　IF (　COUNTROWS (Z) > 1, 　CONCATENATEX (SELECTCOLUMNS (Z, "结束日期", [Date], "开始日期", [Date] - X), [开始日期] & "-" & [结束日期], ";", [开始日期], ASC), MAXX (Z, [Date]) - X + 1) & "-" & MAXX (Z, [Date]) RETURN A

2. 创建过程

在可视化窗格中选择"表",将度量值"毛利分析.趋势分析.毛利率连续下降最大天数日期"拖放至"列",如图9-25所示。最终实现效果如图9-26所示。

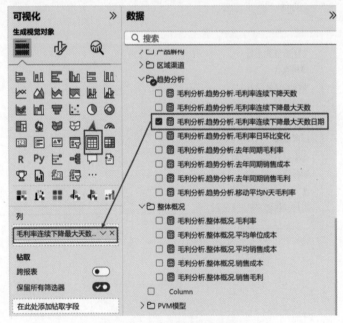

图 9-25　关键指标表格设置　　　　　图 9-26　关键指标表格实现效果

(三) 创建毛利率日趋势折线图

1. 相关度量值

毛利率日趋势分析相关度量值及DAX函数如表9-10所示。

表9-10 毛利率日趋分析相关度量值及DAX函数

度量值名称	DAX函数
毛利分析.整体概况.毛利率	毛利分析.整体概况.毛利率 = DIVIDE([毛利分析.整体概况.销售毛利],[收入分析.整体概况.销售收入])
毛利分析.趋势分析.移动平均N天毛利率	毛利分析.趋势分析.移动平均N天毛利率 = VAR X = [移动平均N天参数值] VAR Y = DATESINPERIOD ('D 日期表'[Date], MAX ('D 日期表'[Date]), - X, DAY) VAR Z = CALCULATE ([毛利分析.整体概况.毛利率], Y) RETURN IF ([收入分析.整体概况.销售收入] > 0, Z)

2. 创建过程

在可视化窗格中选择"折线图",将日期表中的"Date"拖放至"X轴",将"毛利分析.整体概况.毛利率""毛利分析.趋势分析.移动平均N天毛利率"拖放至"Y轴",如图9-27所示。最终实现效果如图9-28所示。

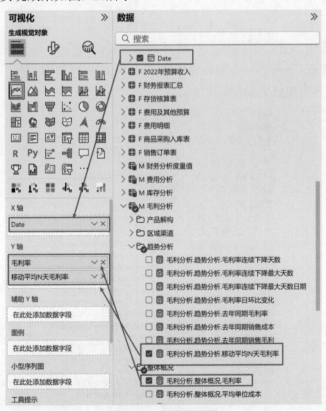

图 9-27 折线图设置

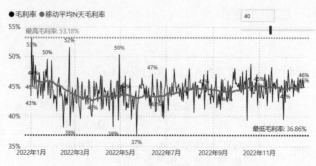

图 9-28　毛利率日趋势折线图实现效果

(四) 创建毛利率月趋势折线图

1. 相关度量值

毛利率月趋势分析相关度量值及DAX函数如表9-11所示。

表9-11　毛利率月趋势分析相关度量值及DAX函数

度量值名称	DAX函数
毛利分析.整体概况.毛利率	毛利分析.整体概况.毛利率 = DIVIDE([毛利分析.整体概况.销售毛利],[收入分析.整体概况.销售收入])
毛利分析.趋势分析.去年同期毛利率	毛利分析.趋势分析.去年同期毛利率 = CALCULATE([毛利分析.整体概况.毛利率],SAMEPERIODLASTYEAR('D 日期表'[Date]))

2. 创建过程

在可视化窗格中选择"折线图",将日期表中的"年""月"拖放至"X轴",将"毛利分析.整体概况.毛利率""毛利分析.趋势分析.去年同期毛利率"拖放至"Y轴",如图9-29所示。最终实现效果如图9-30所示。

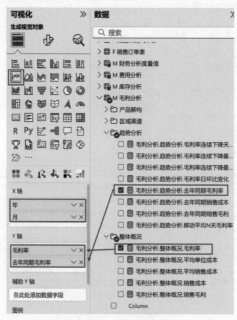

图 9-29　折线图设置

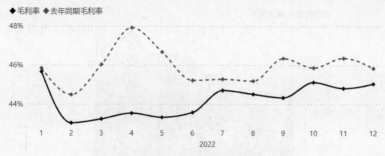

图 9-30　毛利率月趋势折线图实现效果

(五) 创建毛利与毛利率相对趋势分区图

1. 相关度量值

相对趋势分析相关度量值及DAX函数如表9-12所示。

表9-12　相对趋势分析相关度量值及DAX函数

度量值名称	DAX函数
毛利分析.整体概况.毛利率	毛利分析.整体概况.毛利率 = DIVIDE([毛利分析.整体概况.销售毛利],[收入分析.整体概况.销售收入])
毛利分析.整体概况.销售毛利	毛利分析.整体概况.销售毛利 = [收入分析.整体概况.销售收入]-[毛利分析.整体概况.销售成本]

2. 创建过程

在可视化窗格中选择"分区图"，将日期表中的"年""月"拖放至"X轴"，将"毛利分析.整体概况.销售毛利"拖放至"Y轴"，将"毛利分析.整体概况.毛利率"拖放至"辅助Y轴"，如图9-31所示。最终实现效果如图9-32所示。

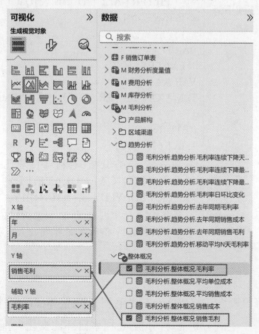

图 9-31　分区图设置

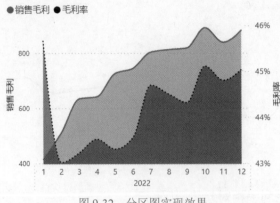

图9-32　分区图实现效果

(六) 创建相关指标表格

1. 相关度量值

表格创建相关度量值及DAX函数如表9-13所示。

表9-13　表格创建相关度量值及DAX函数

度量值名称	DAX函数
毛利分析.趋势分析.毛利率连续下降天数	毛利分析.趋势分析.毛利率连续下降天数 = VAR X = 　MAX ('D 日期表'[Date]) VAR Y = 　ALL ('D 日期表'[Date]) VAR Z = 　CALCULATETABLE (　　VALUES ('D 日期表'[Date]), 　　FILTER (ALL ('D 日期表'[Date]), [毛利分析.趋势分析.毛利率日环比变化] < 0) 　) VAR D = 　EXCEPT (Y, Z) VAR AA = 　MAXX (FILTER (D, 'D 日期表'[Date] <= X), 'D 日期表'[Date]) RETURN 　INT (X - AA)
毛利分析.趋势分析.毛利率日环比变化	毛利分析.趋势分析.毛利率日环比变化 = [毛利分析.整体概况.毛利率]-CALCULATE([毛利分析.整体概况.毛利率], PREVIOUSDAY('D 日期表'[Date]))
毛利分析.整体概况.毛利率	毛利分析.整体概况.毛利率 = DIVIDE([毛利分析.整体概况.销售毛利],[收入分析.整体概况.销售收入])

2. 创建过程

在可视化窗格中选择"表"，将"Date""毛利分析.整体概况.毛利率""毛利分析.趋势分析.毛利率连续下降天数""毛利分析.趋势分析.毛利率日环比变化"拖放至"列"，如图9-33所示。最终实现效果如图9-34所示。

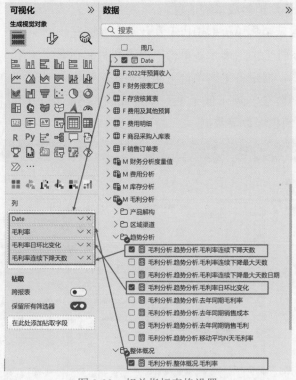

图 9-33　相关指标表格设置

Date	毛利率	毛利率日环比变化	毛利率连续下降天数
2022/3/9	39.63%	-1.28%	4
2022/3/24	39.99%	-0.78%	4
2022/6/23	42.37%	-0.24%	4
2022/1/10	43.02%	-2.10%	3
2022/2/1	42.19%	-2.14%	3
2022/3/8	40.91%	-0.83%	3
2022/3/23	40.77%	-1.46%	3
2022/6/22	42.61%	-0.02%	3
2022/7/4	41.05%	-3.78%	3
总计	44.26%	-1.46%	0

图 9-34　相关指标表格实现效果

第四节　产品解构分析

一、分析内容

产品解构分析看板如图9-35所示，该看板主要由切片器、多行卡图、散点图、折线和簇状柱形图、簇状柱形图、切片器+矩阵表6个区域组成，具体如下。

第1区切片器，用于选取日期切片器、产品类别切片器、省份切片器、渠道切片器、单位切片器和产品名称切片器，每个切片器都可以影响看板中的另外5个区域。

第2区多行卡图，展示销售收入、销售成本、销售毛利、毛利率、平均单价、销售数量、平均采购单价、平均销售成本等信息。

第3区散点图,展示销售单价、销售毛利及毛利率情况。

第4区折线和簇状柱形图,展示各单价下的毛利和毛利率。

第5区簇状柱形图,展示各采购单价下的采购入库数量。

第6区切片器+矩阵表,展示低于毛利率警戒线参考值的各产品的销售单价、销售数量、毛利、毛利率、销售天数等数据。

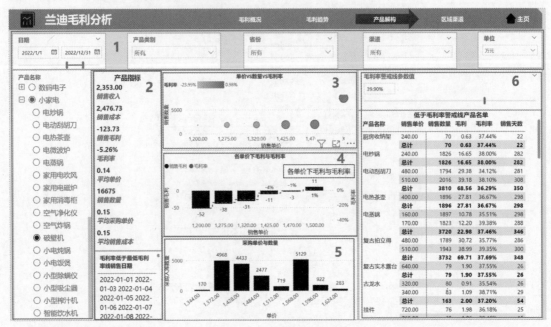

图9-35　产品解构分析看板

二、具体分析过程

设定毛利率警戒线参考值为30%,低于毛利率警戒线的产品是破壁机,接下来以破壁机为例进行产品解构分析。

(一) 关键指标分析

2022年,破壁机的销售收入为2,353万元,相比2021年的1,210万元增长了94.5%,但与此同时,销售成本也从2021年的1,190万元上升到2,477万元。由于销售成本超过了收入,因此2022年的毛利率为负值。2021年的毛利率为1.63%,公司在这一年尚能维持微利。两年的平均销售单价保持不变,均为1,412元,但2022年的平均采购单价上升至1,471元,高于销售单价,而2021年平均采购单价为1,397元。

2022年毛利率为负的主要原因是采购成本上升。虽然销售收入几乎翻倍,但由于平均采购单价从1,397元上涨至1,471元,超出了销售单价,导致单位产品的成本高于其售价。公司在保持售价稳定的情况下,没有将上升的成本转嫁给消费者,主要是为了应对市场竞争和维持市场份额,尽管销量增长显著,但在成本压力下,销售增长未能带来盈利。建议公司优化供应链管理，努力降低采购成本，或者考虑通过提价来应对成本上升。同时，销售策略也需要调整，既要维持市场份额，又要确保盈利，避免单纯追求销量而忽视盈利能力。这样才能确保未来的市场扩张能够带来可持续的利润增长。

(二) 各单价下毛利分析

从单价、数量和毛利率散点图(见图9-36)中可以看到，破壁机的销售单价从1,200元至1,500元不等，1,500元的高价位段销量较多，而低于1,500元的产品销量明显较低，毛利率的范围为 −23.95% ～ 0.98%，仅1,500元价位的产品的毛利率接近盈亏平衡，其他产品的毛利率均为负数。

各单价下毛利与毛利率折线和簇状柱形图如图9-37所示。在低价位段，特别是1,200元的区域，毛利率最低，达到−23.95%，销售成本远高于售价，导致严重亏损。尽管1,500元高价位段的销售数量较多，但毛利率仍然较低，基本接近0.98%，也就是说，公司虽然在高价位产品上实现了微薄的利润，但整体盈利能力仍然不强。同时，低价位段的产品不仅销量低，还因为成本过高出现了较大的损失。

公司应继续推动高价位段产品的销售，优化低价位产品的成本结构，减少或淘汰亏损严重的产品。同时，通过提升产品附加值和溢价能力来提高高价位产品的毛利率，进一步增强盈利能力。在未来的定价和产品策略中，重点应放在提升毛利率和控制成本上，以实现可持续的盈利增长。

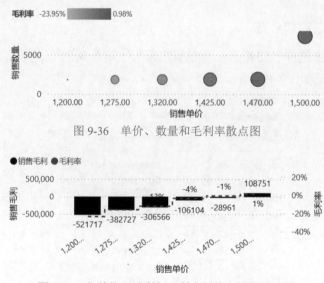

图 9-36　单价、数量和毛利率散点图

图 9-37　各单价下毛利与毛利率折线和簇状柱形图

(三) 采购单价分析

不同采购单价的采购入库数量簇状柱形图如图9-38所示。2022年破壁机的采购单价为1,344~1,624元，采购量在1,372~1,484元区间内较高，在1,568元价位上采购量最高，而低价位在1,344元的采购量最低。

由于销售单价是1,471元，高于1,471元的采购直接将导致毛利率为负数，虽然高采购量能够满足市场需求或库存管理的需要，但较高的采购成本对整体的盈利能力产生了负面影响。低于1,372元的采购单价只对应少量采购数量(1,344元时为170台)，公司较少有机会以低成本采购产品，而大多数采购集中在成本较高的区间，这种采购策略直接影响了毛利率，尤其是在销售价格保持不变的情况下，较高的采购成本显然压缩了利润空间。

为了改善毛利率，公司应考虑优化采购策略，增加在低成本区间(如1,372元及以下)的采购比例。同时，应与供应商协商以降低采购成本，或者通过更有效的库存管理减少对高单价产品的大量采购，以控制成本，提高整体毛利率。此外，重新审视产品的定价策略，也是应对高成本采购压力的关键。

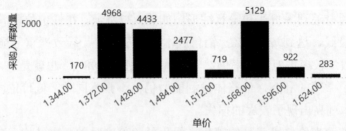

图 9-38　不同采购单价的采购入库数量簇状柱形图

三、产品解构分析看板的Power BI实现过程

(一) 创建产品名称切片器

在可视化窗格中选择"切片器"，设置字段为"产品类别""产品名称"，如图9-39所示。最终实现效果如图9-40所示。

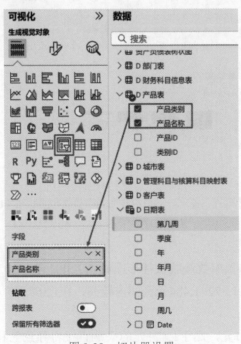

图 9-39　切片器设置

图 9-40　产品名称切片器实现效果

(二) 创建关键指标多行卡图

1. 相关度量值

关键指标分析相关度量值及DAX函数如表9-14所示。

表9-14　关键指标分析相关度量值及DAX函数

度量值名称	DAX函数
收入分析.整体概况.销售收入	收入分析.整体概况.销售收入 = DIVIDE(SUM('F 销售订单表'[销售价格]), SELECTEDVALUE('单位辅助表'[倍率]))
毛利分析.整体概况.销售成本	毛利分析.整体概况.销售成本 = SUMX (CROSSJOIN(VALUES ('D 产品表'[产品ID]), VALUES ('D 日期表'[年月])), [毛利分析.整体概况.平均单位成本] * [收入分析.整体概况.销售数量])
毛利分析.整体概况.销售毛利	毛利分析.整体概况.销售毛利 = [收入分析.整体概况.销售收入]-[毛利分析.整体概况.销售成本]
毛利分析.整体概况.毛利率	毛利分析.整体概况.毛利率 = DIVIDE([毛利分析.整体概况.销售毛利],[收入分析.整体概况.销售收入])
收入分析.整体概况.平均单价	收入分析.整体概况.平均单价 = DIVIDE([收入分析.整体概况.销售收入],[收入分析.整体概况.销售数量])
收入分析.整体概况.销售数量	收入分析.整体概况.销售数量 = SUM('F 销售订单表'[数量])
毛利分析.整体概况.平均销售成本	毛利分析.整体概况.平均销售成本 = DIVIDE([毛利分析.整体概况.销售成本],[收入分析.整体概况.销售数量])
毛利分析.产品解构.平均采购单价	毛利分析.产品解构.平均采购单价 = DIVIDE(DIVIDE(SUM('F 商品采购入库表'[金额]), SUM('F 商品采购入库表'[数量])),SELECTEDVALUE('单位辅助表'[倍率]))

2. 创建过程

在可视化窗格中选择"多行卡图"，设置字段为"销售收入""销售成本""销售毛利""毛利率""平均单价""销售数量""平均采购单价""平均销售成本"，如图9-41所示。最终实现效果如图9-42所示。

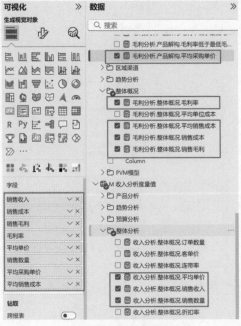

图 9-41　多行卡图设置

图 9-42　多行卡图实现效果

(三) 创建单价、数量和毛利率散点图

1. 相关度量值

单价、数量和毛利率分析相关度量值及DAX函数如表9-15所示。

表9-15　单价、数量和毛利率分析相关度量值及DAX函数

度量值名称	DAX函数
收入分析.整体概况.销售数量	收入分析.整体概况.销售数量 = SUM('F 销售订单表'[数量])
毛利分析.整体概况.毛利率	毛利分析.整体概况.毛利率 = DIVIDE([毛利分析.整体概况.销售毛利],[收入分析.整体概况.销售收入])

2. 创建过程

在可视化窗格中选择"散点图"，将"销售单价"拖放至"X轴"，将"收入分析.整体概况.销售数量"拖放至"Y轴"，将"毛利分析.整体概况.毛利率"拖放至"大小"，如图9-43所示。最终实现效果如图9-44所示。

图 9-43　散点图设置

图 9-44　单价、数量和毛利率散点图实现效果

(四) 创建各单价下毛利与毛利率折线和簇状柱形图

1. 相关度量值

各单价下毛利与毛利率分析相关度量值及DAX函数如表9-16所示。

表9-16　各单价下毛利与毛利率分析相关度量值及DAX函数

度量值名称	DAX函数
毛利分析.整体概况.销售毛利	毛利分析.整体概况.销售毛利 = [收入分析.整体概况.销售收入]-[毛利分析.整体概况.销售成本]
毛利分析.整体概况.毛利率	毛利分析.整体概况.毛利率 = DIVIDE([毛利分析.整体概况.销售毛利], [收入分析.整体概况.销售收入])

2. 创建过程

在可视化窗格中选择"折线和簇状柱形图"，将"销售单价"拖放至"X轴"，将"毛利分析.整体概况.销售毛利"拖放至"列y轴"，将"毛利分析.整体概况.毛利率"拖放至"行y轴"，如图9-45所示。最终实现效果如图9-46所示。

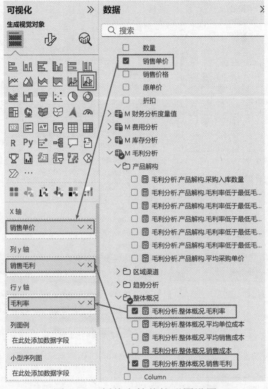

图 9-45　折线和簇状柱形图设置

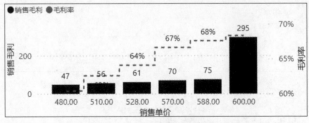

图 9-46　各单价下毛利与毛利率折线和簇状柱形图实现效果

(五) 创建不同采购单价下采购入库数量簇状柱形图

1. 相关度量值

不同采购单价下的采购入库数量分析相关度量值及DAX函数如表9-17所示。

表9-17　不同采购单价下的采购入库数量分析相关度量值及DAX函数

度量值名称	DAX函数
毛利分析.产品解构.采购入库数量	毛利分析.产品解构.采购入库数量 = SUM('F 商品采购入库表'[数量])

2. 创建过程

在可视化窗格中选择"簇状柱形图",将"单价"拖放至"X轴",将"毛利分析.产品解构.采购入库数量"拖放至"Y轴",如图9-47所示。最终实现效果如图9-48所示。

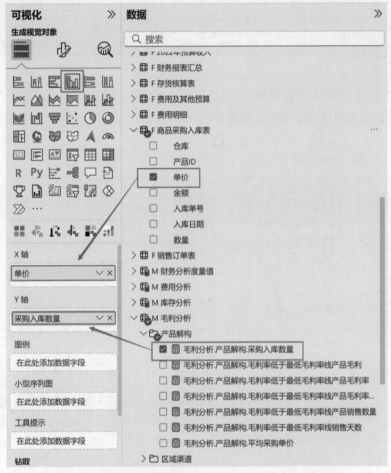

图 9-47 不同采购单价下采购入库数量簇状柱形图设置

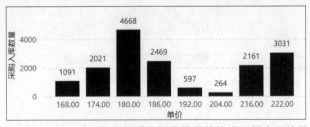

图 9-48 不同采购单价下采购入库数量簇状柱形图实现效果

(六) 创建毛利率警戒线参数值切片器

1. 相关度量值

参数设置相关度量值及DAX函数如表9-18所示。

表9-18　参数设置相关度量值及DAX函数

度量值名称	DAX函数
毛利率警戒线参数值	毛利率警戒线参数值 = GENERATESERIES（CURRENCY（-1），CURRENCY（1），CURRENCY(0.001))
毛利率警戒线参数值 值	毛利率警戒线参数值 值 = SELECTEDVALUE('毛利率警戒线参数值'[毛利率警戒线参数值])

2.创建过程

在可视化窗格中选择"切片器"，将"毛利率警戒线参数值"拖放至"字段"，如图9-49所示。最终实现效果如图9-50所示。

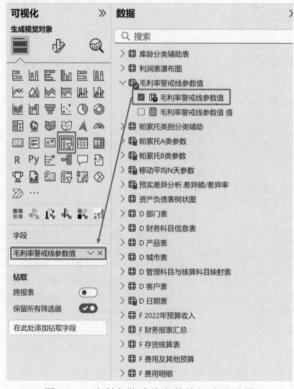

图 9-49　毛利率警戒线参数值切片器设置

图 9-50　毛利率警戒线参数值切片器实现效果

(七) 创建低于毛利率警戒线产品名单矩阵

1.相关度量值

低于毛利率警戒线产品名单矩阵相关度量值及DAX函数如表9-19所示。

表9-19　低于毛利率警戒线产品名单矩阵相关度量值及DAX函数

度量值名称	DAX函数
毛利分析.产品解构.毛利率低于最低毛利率线产品毛利	毛利分析.产品解构.毛利率低于最低毛利率线产品毛利 = VAR X = 　　SUMMARIZE ('F 销售订单表', 'D 产品表'[产品名称], 'F 销售订单表'[销售单价]) VAR Y = 　　FILTER (X, [毛利分析.整体概况.毛利率] <= [毛利率警戒线参数值 值]) RETURN 　　CALCULATE ([毛利分析.整体概况.销售毛利], Y)
毛利分析.产品解构.毛利率低于最低毛利率线产品毛利率	毛利分析.产品解构.毛利率低于最低毛利率线产品毛利率 = VARX = 　　SUMMARIZE ('F 销售订单表', 'D 产品表'[产品名称], 'F 销售订单表'[销售单价]) VARY = 　　FILTER (X, [毛利分析.整体概况.毛利率]<= [毛利率警戒线参数值 值]) RETURN 　　CALCULATE ([毛利分析.整体概况.毛利率], Y)
毛利分析.产品解构.毛利率低于最低毛利率线产品销售数量	毛利分析.产品解构.毛利率低于最低毛利率线产品销售数量 = VAR X = 　　SUMMARIZE ('F 销售订单表', 'D 产品表'[产品名称], 'F 销售订单表'[销售单价]) VAR Y = 　　FILTER (X, [毛利分析.整体概况.毛利率] <= [毛利率警戒线参数值 值]) RETURN 　　CALCULATE ([收入分析.整体概况.销售数量], Y)
毛利分析.产品解构.毛利率低于最低毛利率线销售天数	毛利分析.产品解构.毛利率低于最低毛利率线销售天数 = VAR X = 　　SUMMARIZE ('F 销售订单表', 'D 产品表'[产品名称], 'F 销售订单表'[销售单价]) VAR Y = 　　FILTER (X, [毛利分析.整体概况.毛利率] <= [毛利率警戒线参数值 值]) RETURN 　　CALCULATE (COUNTROWS (SUMMARIZE ('F 销售订单表', 'D 日期表'[Date])), Y)

2. 创建过程

在可视化窗格中选择"矩阵"，将"D 产品表"中的"产品名称"和"F 销售订单表"中的"销售单价"拖放至"行"，将"毛利分析.产品解构.毛利率低于最低毛利率线产品销售数量""毛利分析.产品解构.毛利率低于最低毛利率线产品毛利""毛利分析.产品解构.毛利率低于最低毛利率线产品毛利率""毛利分析.产品解构.毛利率低于最低毛利率线销售天数"拖放至"值"，如图9-51所示。最终实现效果如图9-52所示。

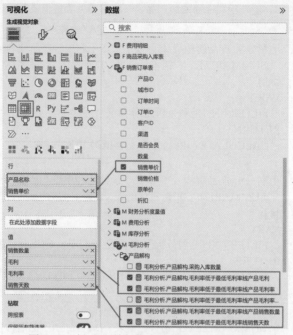

图 9-51　低于毛利率警戒线产品名单矩阵设置

产品名称	销售单价	销售数量	毛利	毛利率	销售天数
厨房收纳架	240.00	70	0.63	37.44%	22
总计		70	0.63	37.44%	22
电炒锅	240.00	1826	16.65	38.00%	282
总计		1826	16.65	38.00%	282
电动刮胡刀	480.00	1794	29.38	34.12%	281
	510.00	2016	39.18	38.10%	308
总计		3810	68.56	36.29%	350
电热茶壶	400.00	1896	27.81	36.67%	298
总计		1896	27.81	36.67%	298
电蒸锅	160.00	1897	10.78	35.51%	298
	170.00	1823	12.20	39.38%	288
总计		3720	22.98	37.46%	346
复古拍立得	480.00	1789	30.72	35.77%	286
	510.00	1943	38.99	39.35%	300
总计		3732	69.71	37.69%	348
复古实木露台	640.00	79	1.90	37.55%	26
总计		79	1.90	37.55%	26
古龙水	320.00	80	0.91	35.54%	26
	340.00	83	1.09	38.71%	29
总计		163	2.00	37.20%	54
挂件	720.00	76	1.98	36.18%	25
	765.00	35	1.06	30.46%	15

图 9-52　低于毛利率警戒线产品名单矩阵实现效果

第五节　区域渠道分析

一、分析内容

区域渠道分析看板如图9-53所示。该看板主要由切片器、散点图、折线和簇状柱形图、分解树4个区域组成，具体如下。

第1区切片器，用于选取日期切片器、产品类别切片器、省份切片器、渠道切片器、单位切片器，每个切片器都可以影响看板中的另外3个区域。

第2区散点图，展示各区域的销售收入、销售毛利、毛利率等关键指标数据。

第3区折线和簇状柱形图，展示不同销售渠道的销售收入、销售毛利及毛利率。

第4区分解树，展示不同区域、渠道、省市的毛利率与毛利率警戒线参考值之间的差距。

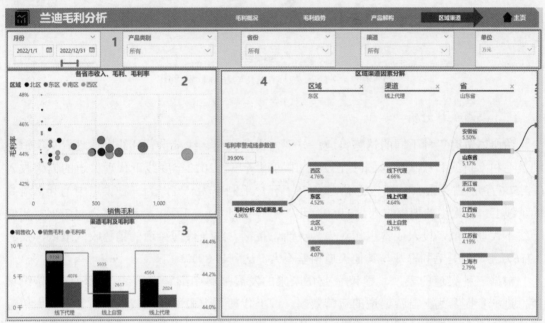

图9-53 区域渠道分析看板

二、具体分析过程

(一) 区域毛利分析

各省市收入、毛利、毛利率散点图(见图9-54)展示了2022年兰迪商贸各区域的销售毛利和毛利率，整体毛利率在44%~46%之间波动。东区和南区的点较多分布在毛利率为44%~46%的区间，东区和南区的销售毛利较高，气泡较大，这些区域的销售规模较大，尤其是广东省的销售收入较为突出。北区和西区销售毛利相对较低，整体销售规模较小，尽管个别单位产品的盈利能力较高，但由于市场规模较小，总体利润有限。

从整体来看，南区和东区尽管毛利率不如北区，但由于销售规模大，整体毛利贡献较高。公司可以继续加强这些高销售量区域的市场投入，同时关注如何优化成本控制，提高毛利率。在北区，虽然部分毛利率较高，但销售额和总毛利较低，公司应考虑如何扩大市场份额，以提升该区域的总体盈利能力。对于西区，公司需要审视其低毛利率和较小的销售规模，需要调整市场策略或产品结构，以提升该区域的整体表现。

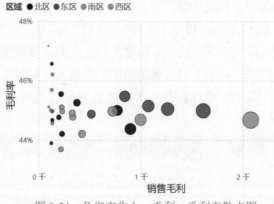

图 9-54　各省市收入、毛利、毛利率散点图

(二) 渠道毛利分析

兰迪商贸有三种不同的销售渠道，分别为线下代理、线上自营和线上代理。从渠道毛利及毛利率折线和簇状柱形图(见图9-55)中可以看出，2022年度线下代理渠道的销售收入(15,506万元)占比最大，销售毛利为6,978万元，毛利率为45%，为三种渠道中毛利率最高的。线上自营渠道的销售收入为9,950万元，销售毛利为4,454万元，毛利率为44.76%，稍低于线下代理渠道，投入成本也相对更为灵活、直接。线上代理渠道的销售收入最低，仅为7,716万元，但是毛利率却与其他渠道相差不大，达到44.89%。

根据三种渠道的表现，建议企业在未来的发展战略中继续巩固线下代理这一传统渠道，进一步提升线上自营渠道的运营效率。线上代理渠道虽然收入较低，但其毛利率接近其他渠道，存在扩展空间。建议公司优化线上代理渠道的销售体系，适当增加市场投入，以提升其整体销售额，从而在不增加太多成本的情况下提高整体盈利水平。

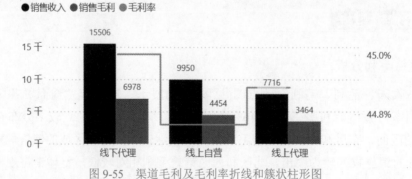

图 9-55　渠道毛利及毛利率折线和簇状柱形图

三、区域渠道分析看板的Power BI实现过程

(一) 创建各省市收入、毛利、毛利率散点图

1. 相关度量值

各省市收入、毛利、毛利率散点图相关度量值及DAX函数如表9-20所示。

表9-20　各省市收入、毛利、毛利率散点图相关度量值及DAX函数

度量值名称	DAX函数
毛利分析.整体概况.销售毛利	毛利分析.整体概况.销售毛利 = [收入分析.整体概况.销售收入]-[毛利分析.整体概况.销售成本]
收入分析.整体概况.销售收入	收入分析.整体概况.销售收入 = DIVIDE(SUM('F 销售订单表'[销售价格]), SELECTEDVALUE('单位辅助表'[倍率]))

2. 创建过程

在可视化窗格中选择"散点图"，将"D 城市表"中的"城市名称""省"拖放至"值"，将"D 城市表"中的"区域"拖放至"图例"，将"毛利分析.整体概况.销售毛利"拖放至"X轴"，将"收入分析.整体概况.销售收入"拖放至"大小"，将"毛利分析.整体概况.毛利率"拖放至"Y轴"，如图9-56所示。最终实现效果如图9-57所示。

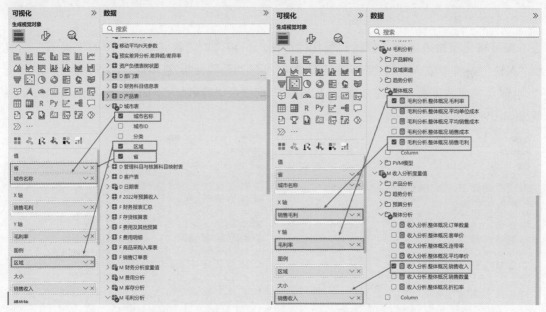

图 9-56　各省市收入、毛利、毛利率散点图设置

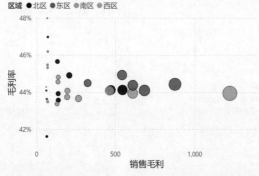

图 9-57　各省市收入、毛利、毛利率散点图实现效果

(二) 创建不同渠道销售收入、销售毛利及毛利率折线和簇状柱形图

1. 相关度量值

不同渠道销售收入、销售毛利及毛利率折线和簇状柱形图相关度量值及DAX函数如表9-21所示。

表9-21 不同渠道销售收入、销售毛利及毛利率折线和簇状柱形图相关度量值及DAX函数

度量值名称	DAX函数
收入分析.整体概况.销售收入	收入分析.整体概况.销售收入 = DIVIDE(SUM('F 销售订单表'[销售价格]), SELECTEDVALUE('单位辅助表'[倍率]))
毛利分析.整体概况.销售毛利	毛利分析.整体概况.销售毛利 = [收入分析.整体概况.销售收入]-[毛利分析.整体概况.销售成本]
毛利分析.整体概况.毛利率	毛利分析.整体概况.毛利率 = DIVIDE([毛利分析.整体概况.销售毛利],[收入分析.整体概况.销售收入])

2. 创建过程

在可视化窗格中选择"折线和簇状柱形图"，将"F 销售订单表"中的"渠道"拖放至"X轴"，将"收入分析.整体概况.销售收入""毛利分析.整体概况.销售毛利"拖放至"列y轴"，将"毛利分析.整体概况.毛利率 "拖放至"行y轴"，如图9-58所示。最终实现效果如图9-59所示。

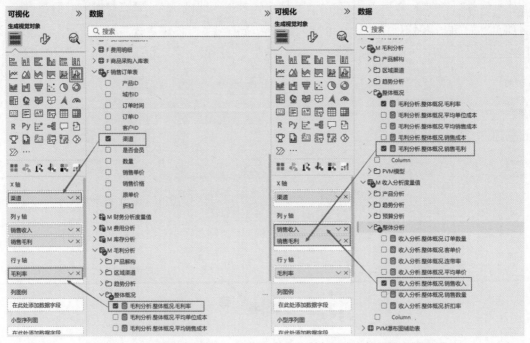

图9-58 不同渠道销售收入、销售毛利及毛利率折线和簇状柱形图设置

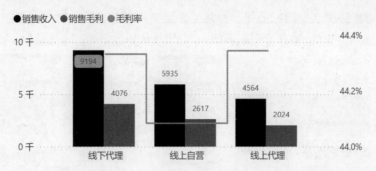

图 9-59　不同渠道销售收入、销售毛利及毛利率折线和簇状柱形图实现效果

(三) 创建区域渠道销售毛利分解树

1. 相关度量值

区域渠道销售毛利分析相关度量值及DAX函数如表9-22所示。

表9-22　区域渠道销售毛利分析相关度量值及DAX函数

度量值名称	DAX函数
毛利分析.区域渠道.毛利率警戒线差异	毛利分析.区域渠道.毛利率警戒线差异 = IF ([毛利分析.整体概况.毛利率] = BLANK (), BLANK (), [毛利分析.整体概况.毛利率] – [毛利率警戒线参数值值])

2. 创建过程

在可视化窗格中选择"分解树",将"D 产品表"中的"产品类别""产品名称"、"D 城市表"中的"城市名称""分类""区域""省",以及"F 销售订单表"中的"渠道"拖放至"解释依据",将"毛利分析.区域渠道.毛利率警戒线差异"拖放至"分析",如图9-60所示。最终实现效果如图9-61所示。

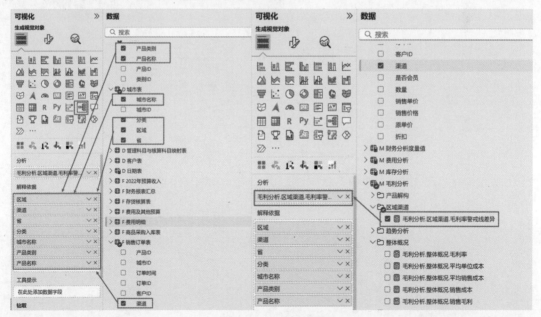

图 9-60　分解树设置

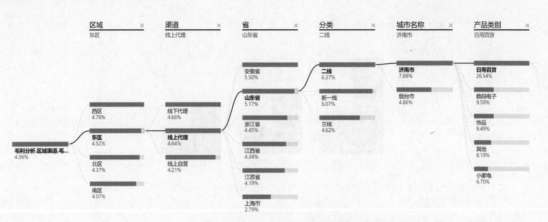

图 9-61　区域渠道销售毛利分解树实现效果